中国制造业区域差异与升级路径研究

周敏 著

同济大学出版社·上海

内容提要

制造业是国民经济的主体。推动制造业转型升级和区域协调发展，将有利于加快构建经济高质量发展的动力系统。本书以协调发展为指导理念，以推动区域协调、制造业高质量发展为目标，以京津冀、长三角、泛珠三角、成渝地区双城经济圈为研究对象，分析中国制造业发展的区域差异。全书共六个章节，包含中国制造业区域发展现状，京津冀、长三角、泛珠三角、成渝地区双城经济圈四大区域制造业的发展特征与升级路径。

本书适合制造业转型与发展等相关领域的研究人员和从业人员阅读，也可作为高等院校经济学、管理学相关专业硕、博士研究生和高年级本科生的参考用书。

图书在版编目(CIP)数据

中国制造业区域差异与升级路径研究 / 周敏著. --上海：同济大学出版社，2022.7

ISBN 978-7-5765-0287-9

Ⅰ.①中… Ⅱ.①周… Ⅲ.①制造业—区域发展—研究—中国②制造工业—产业结构升级—研究—中国 Ⅳ.①F426.4

中国版本图书馆 CIP 数据核字(2022)第 118368 号

中国制造业区域差异与升级路径研究

周　敏　**著**

责任编辑 张莉　**助理编辑** 屈斯诗　**责任校对** 徐春莲　**封面设计** 陈益平

出版发行 同济大学出版社　www.tongjipress.com.cn

(地址：上海市四平路 1239 号　邮编：200092　电话：021-65985622)

经　销 全国各地新华书店

制　作 南京月叶图文制作有限公司

印　刷 苏州市古得堡数码印刷有限公司

开　本 787 mm×1092 mm　1/16

印　张 10.75

字　数 215 000

版　次 2022 年 7 月第 1 版

印　次 2022 年 7 月第 1 次印刷

书　号 ISBN 978-7-5765-0287-9

定　价 58.00 元

前　言

区域协调发展是根据资源环境承载能力、发展基础和潜力，按照发挥比较优势、加强薄弱环节、享受均等化基本公共服务的要求，逐步形成主体功能定位清晰、东中西良性互动、公共服务和人民生活水平差距趋向缩小的区域协调发展格局。《中华人民共和国国民经济和社会发展第十四个五年规划和2035年远景目标纲要》明确："深入实施区域重大战略、区域协调发展战略、主体功能区战略，健全区域协调发展体制机制，构建高质量发展的区域经济布局和国土空间支撑体系。"区域协调发展，需要立足新发展阶段，贯彻新发展理念，构建新发展格局，尊重客观规律，发挥比较优势，健全、完善区域协调机制，推动国内区域发展更加协调、更有效率、更高质量。

制造业是国民经济的主体，是推动经济高质量发展的关键和重点。我国制造业区域发展不平衡问题仍然突出，区域间存在产业同质、资源利用低效、合作机制不完善等问题。新时期推动制造业区域协调发展的意义在于：构建制造业高质量发展的动力系统。《中国制造2025》要求推动制造业质量、效率、动力三大变革，加快制造业高质量发展步伐，重点做好六方面工作：一是完善制造业创新体系；二是加快发展先进制造业；三是促进制造业区域协调发展；四是加强制造业质量品牌建设；五是营造有利于制造业高质量发展的良好环境；六是进一步提升制造业开放水平。

本书以协调发展为指导理念，以推动区域协调、制造业高质量发展为目标，以京津冀、长三角、泛珠三角、成渝地区双城经济圈为研究对象，分析中国制造业发展的区域差异。全书共六个章节，包含中国制造业区域发展现状，京津冀、长三角、泛珠三角、成渝地区双城经济圈四大区域制造业的发展特征与升级路径。

本研究得到了教育部人文社会科学研究项目（17YJC630234）的资助。在本书的编写过程中，感谢研究生吴玉、苟富华、孙毛宁、么宇飞、刘冬晴的参与。由于编者水平有限，书中疏漏之处在所难免，恳请广大读者和有关专家、老师不吝批评指正。

编者

2022年4月

目　　录

第一章

中国制造业区域发展现状

第一节　研究的主要区域

从“十三五”发展来看，我国区域发展形势日趋向好，区域发展协调性持续增强。2020 年，中部和西部地区生产总值分别为 22.2 万亿元、21.3 万亿元，较 2015 年增加 7.4 万亿元、7.4 万亿元，占四大板块的比重由 2015 年的 21.4%、20%提高到 2020 年的 22%、21.1%。尽管中、西部地区与东部人均地区生产总值差距在不断缩小，但地区发展差距仍然客观存在。

一、京津冀协同

京津冀包括北京、天津、河北三省市，地域面积 21.6 万平方公里，占全国总面积的 2.3%。北京作为首都，政治地位突出，文化底蕴深厚，科技创新领先，人才资源密集，国际交往密切。天津拥有北方最大的综合性港口，制造业基础雄厚，研发转化能力较强，发展势头良好。河北自然资源丰富，劳动力相对充裕，产业基础较好，经济体量较大，具有广阔的发展空间。京津冀地缘相接、人缘相亲，地域一体、文化一脉，历史渊源深厚、交往半径相宜，为实现优势互补、协同发展提供了良好条件。2015 年 6 月，中共中央、国务院印发实施《京津冀协同发展规划纲要》，从战略意义、总体要求、定位布局、有序疏解北京非首都功能、推动重点领域率先突破、促进创新驱动发展、统筹协同发展相关任务、深化体制机制改革、开展试点示范、加强组织实施等方面描绘了京津冀协同发展的宏伟蓝图。

根据《京津冀协同发展规划纲要》，京津冀协同发展的目标是“一核、双城、三轴、四区、多节点”。“一核”是指北京，通过京津冀协同发展实现产业转移，疏解北京非首都功能；“双城”是指北京、天津，通过京津的协同发展，带动河北地区的产业转型，加强合作的深度和广度，辐射带动周边地区，引领周边地区的产业升级，从而促进整个区域产业的高端化发展、智能化转型；“三轴”是指京津、京保石、京唐秦产业发展带和城镇集聚轴，贯穿了整个区域，对整个区域的发展起到支撑作用；“四区”是指将京津冀地区划分为四个部分，每个部分根据地理位置优势和资源优势，发挥自己的功能和定位；“多节点”是指河北省中心城市和节点城市的协同发展，发挥城市的综合承载能力和服务能力，通过多节点的共同发展，实现“1＋1＞2”的有序发展。

根据北京市发展和改革委员会2021年4月发布的《北京市推进京津冀协同发展2021工作要点》，京津冀协同发展战略实施以来，北京市以疏解非首都功能为“牛鼻子”，开启从“集聚资源求增长”到“疏解功能谋发展”的重大历史变革：扎实开展“疏解整治促提升”专项行动，2014年以来，全市累计退出一般制造和污染企业2 800余家，疏解提升区域性批发市场和物流中心980余个；全力支持雄安新区开局起步；推动通州区与廊坊北三县协同发展；推动重点领域协同发展取得新成效，“轨道上的京津冀”加快打造等，多举措推动京津冀协同发展。

产业协同是京津冀协同发展战略中需要率先突破的领域之一。京津冀三地的产业疏解转移和对接协作步入快车道，区域产业链加快形成。北京推动企业在京津冀地区合理布局，加快形成优势互补、相互促进的区域经济布局。天津构筑良好生态，壮大产业集群。河北积极承接转移，助力转型升级。本书将在第二章对京津冀制造业的协同发展展开研究。

二、长三角一体化

2010年6月，国家发展和改革委员会（以下简称国家发改委）印发《长江三角洲地区区域规划》。该规划的规划期为2009—2015年，展望2020年。根据规划，长江三角洲地区将形成以上海为核心的“一核九带”空间格局。2019年12月1日，中共中央、国务院印发《长江三角洲区域一体化发展规划纲要》（以下简称《长三角规划纲要》），长江三角洲区域一体化发展上升为国家战略，着力落实新发展理念，构建现代化经济体系，推进更高起点的深化改革和更高层次的对外开放，同“一带一路”建设、京津冀协同发展、长江经济带发展、粤港澳大湾区建设相互配合，完善中国改革开放空间布局。

长江三角洲（以下简称长三角）地区是国内经济发展最活跃、开放程度最高、创新能力最强的区域之一，在国家现代化建设大局和全方位开放格局中具有举足轻重的战略地位。推动长三角一体化发展，增强长三角地区创新能力和竞争能力，提高经济集聚度、区域连接性和政策协同效率，对引领全国高质量发展、建设现代化经济体系意义重大。根据《长三角规划纲要》规划范围包括上海市、江苏省、浙江省、安徽省全域（面积35.8万平方公里）。以上海市，江苏省南京、无锡、常州、苏州、南通、扬州、镇江、盐城、泰州，浙江省杭州、宁波、温州、湖州、嘉兴、绍兴、金华、舟山、台州，安徽省合肥、芜湖、马鞍山、铜陵、安庆、滁州、池州、宣城27个城市为中心区（面积22.5万平方公里），辐射带动长三角地区高质量发展。以上海青浦、江苏吴江、浙江嘉善为长三角生态绿色一体化发展示范区（面积约2 300平方公里），示范引领长三角地区更高质量一体化发展。以上海临港等地区为中国（上海）自由贸易试验区新片区，打造与国际通行规则相衔接、更具国际市场影响力和竞争力的特殊经济功能区。

《长三角规划纲要》落地以来，立足“一极三区一高地”战略定位推动长三角一体化发展取得了丰硕成果。长三角地区创新策源能力建设不断加强，科技创新共同体建设扎实推进，创新链产业链统筹布局融合发展，资源集约利用水平和整体经济效率显著提高，新经济、新业态、新模式不断涌现，全球资源配置和竞争能力进一步增强。贯彻新发展理念，推动质量变革、动力变革、效率变革取得积极进展。坚持绿色发展，推进生态优势转变为经济社会发展优势成效显著。本书将在第三章针对长三角制造业绿色一体化发展展开研究。

三、泛珠三角区域合作

泛珠三角区域包括福建、江西、湖南、广东、广西、海南、四川、贵州、云南等九省区（以下称内地九省区）和香港、澳门特别行政区（以下统称“9+2”各方），拥有全国约五分之一的国土面积、三分之一的人口和三分之一以上的经济总量，是我国经济最具活力和发展潜力的地区之一，在国家区域发展总体格局中具有重要地位。

2004 年 6 月，以珠江水系为纽带的“9+2”各方签署了《泛珠三角区域合作框架协议》，泛珠三角区域合作正式启动，积极探索依靠市场机制，推动东中西部地区经济合作的新模式，逐步积累打破区域行政分割、促进形成统一市场和区域协调发展的有益经验。随着泛珠三角区域合作不断深入，一些合作领域和工作内容超出了地方事权或地方难以协调，比如，区域通关一体化、社会信用体系、珠江水运、社会保险跨省顺畅转移接续、深化内地省区与港澳合作等，都需要从国家层面指导和支持，推动泛珠三角区域发展不断迈上新台阶。

在泛珠三角区域合作进入新阶段、“十三五”规划启动实施之际，2016 年 3 月，《国务院关于深化泛珠三角区域合作的指导意见》印发，指出在“9+2”各方共同努力下，泛珠三角区域合作领域逐步拓展，合作机制日益健全，合作水平不断提高。新形势下深化泛珠三角区域合作，有利于深入实施区域发展总体战略，统筹东中西协调联动发展，加快建设统一开放、竞争有序的市场体系；有利于更好融入“一带一路”建设、长江经济带发展，提高全方位开放合作水平；有利于深化内地与港澳更紧密合作，保持香港、澳门长期繁荣稳定。

根据《国务院关于深化泛珠三角区域合作的指导意见》，贯彻落实创新、协调、绿色、开放、共享的发展理念，坚持合作发展、互利共赢，深化改革、扩大开放，完善合作发展机制，构建经济繁荣、社会和谐、生态良好的泛珠三角区域。本书将在第四章对泛珠三角制造业集聚与绿色发展等问题展开研究。

四、成渝地区双城经济圈

成渝地区双城经济圈位于“一带一路”和长江经济带交汇处，是西部陆海新通道的起点，具有连接西南西北，沟通东亚与东南亚、南亚的独特优势。区域内生态禀赋优良、能源矿产丰富、城镇密布、风物多样，是国内西部人口最密集、产业基础最雄厚、创新能力最强、市场空间最广阔、开放程度最高的区域，在国家发展大局中具有独特而重要的战略地位。

根据中共中央、国务院于2020年10月印发的《成渝地区双城经济圈建设规划纲要》，规划范围包括重庆市的中心城区及万州、涪陵、綦江、大足、黔江、长寿、江津、合川、永川、南川、璧山、铜梁、潼南、荣昌、梁平、丰都、垫江、忠县等27个区县以及开州区、云阳县的部分地区，四川省的成都、自贡、泸州、德阳、绵阳（除平武县、北川县）、遂宁、内江、乐山、南充、眉山、宜宾、广安、达州（除万源市）、雅安（除天全县、宝兴县）、资阳等15个地级市，总面积18.5万平方公里，占全国总面积的1.9%，2019年常住人口9 600万人，占全国总人口的6.9%，地区生产总值近6.3万亿元人民币，占全国生产总值的6.3%。

川渝两地持续深化全方位多层次合作机制，推动实施《成渝地区双城经济圈建设规划纲要》，不断加强战略协作、政策协同、工作协调，各项工作进展顺利、势头良好。

政策体系更趋协同，7个规划（方案）总体进展顺利，综合交通发展规划已印发实施。两省市共同编制的规划（方案）有序推进。两省市政府共同印发成渝地区双城经济圈汽车产业高质量协同发展、电子信息产业高质量协同发展实施方案，引导汽车、电子信息两大主导产业错位发展。

合作平台加快共建，加快推进10个川渝毗邻地区合作功能平台建设，遂潼川渝毗邻地区一体化发展先行区、川渝高竹新区、明月山绿色发展示范带、泸永江融合发展示范区等均全面启动建设。成渝地区工业互联网一体化发展示范区建设工作方案获得批复，共建全国一体化算力网络成渝地区国家枢纽节点。联合选定20个产业园区作为首批产业合作示范园区。成渝地区双城经济圈发展基金完成战略性新兴产业投资40亿元。共同举办成渝地区双城经济圈全球投资推介活动，面向100余家中外知名企业、协会商会和机构推介投资项目。

重点领域和重点区域一体化发展步伐加快。推动以"一城多园"模式高标准共建西部科学城，共建具有全国影响力的科技创新中心，2021年举办重大项目集中开工活动。北京大学重庆大数据研究院、中科院成都天府新区科技创新交叉研究平台、中国（绵阳）科技城激光产业基地等40个重大项目投资1 055亿元。川渝科技资源共享服务平台建成上线，电子科技大学重庆微电子产业技术研究院、长江上游种质创制大科学中心等项目加快推进。联合实施2021年川渝重点研发项目，集中发布41项产学研创新成果。

双核联动作用初现。两省市党委、政府联合出台《加强重庆成都双核联动引领带动成渝地区双城经济圈建设行动方案》，加强重庆市主城区和成都市双核联动发展。以毗邻地区联动发展为突破口，一体谋划和推动建设万（州）达（州）开（州）川渝统筹发展示范区、川南渝西融合发展试验区及川渝高竹新区、遂（宁）潼（南）一体化发展先行区等区域合作共建功能平台。

作为西部经济基础最好、经济实力最强的区域，成渝地区电子信息、装备制造等产业的综合实力较强，具有较强的国际国内影响力。但也应该看到，成渝地区与京津冀、长三角、珠三角地区相比仍存在较大的发展差距。要将成渝地区打造成为中国经济“第四极”，就需要与之匹配的产业做支撑。本书将在第五章对成渝地区制造业的发展布局展开研究。

第二节　各区域制造业发展概况

一、京津冀制造业发展概况

1. 北京

《北京市国民经济和社会发展第十四个五年规划和二〇三五年远景目标纲要》《北京市“十四五”时期高精尖产业发展规划》指出，“十三五”期间，北京经济高质量发展迈出坚实步伐。2020 年，经济总量达到 3.6 万亿元，人均地区生产总值 2.4 万美元左右，全员劳动生产率达到 28 万元/人以上，居全国各省区市首位。新业态新模式不断发展壮大，2020 年新经济增加值占地区生产总值比重达到 37.8%。深入推进供给侧结构性改革，一批重点领域改革取得新突破。统筹疏解非首都功能、构建高精尖经济结构、推动京津冀产业协同发展，高精尖产业进入创新发展、提质增效新阶段。

产业发展能级实现新跃升。2020 年全市高精尖产业实现增加值9 885.8 亿元，占地区生产总值比重达到 27.4%，较 2018 年提高 2.3 个百分点；培育形成新一代信息技术（含软件和信息服务业）、科技服务业两个万亿级产业集群以及智能装备、医药健康、节能环保、人工智能四个千亿级产业集群。

产业创新能力明显提高。2020 年高精尖产业研发经费投入占收入比重 7.3%。创建 3 个国家级制造业创新中心、92 个企业技术中心和 8 个工业设计中心，布局人工智能、量子、脑科学等一批新型研发机构。拥有独角兽企业 93 家，数量居世界城市首位。涌现出柔性显示屏、国内首款通用 CPU（中央处理器）、新冠灭活疫苗、5G＋8K（第五代移动通信技术＋8K 超高清分辨率）超高清制作传输设备、新型靶向抗癌新药、手术机器人、高精密减速器等具有全球影响力的创新成果。

产业项目落地取得丰硕成果。落地投产新能源整车产线，建成全球首个网联云控式高级别自动驾驶示范区。建设国内规模最大的12英寸集成电路生产线、8英寸集成电路国产装备应用示范线。国家级专精特新“小巨人”、制造业单项冠军、智能制造示范项目和系统解决方案供应商数量全国领先，涌现出福田康明斯“灯塔工厂”、小米“黑灯工厂”等行业标杆。率先启动建设国家网络安全产业园，聚集全国半数以上网络安全和信创企业。落地工业互联网标识解析国家顶级节点、国家工业互联网大数据中心和安全态势感知平台等一批重大基础设施平台。

产业提质增效迈出坚实步伐。2016年至2020年，全市累计退出一般制造业企业2154家。2020年，规模以上工业人均产值、规模以上制造业地均产值较2015年分别增长59%、19.2%；规模以上软件和信息服务业人均营业收入较2015年增长99.1%。

京津冀产业协同开创全新局面。京津冀三地协同推进规划共编、项目共享、企业互动、园区共建，“2＋4＋N”产业合作格局初步形成；城市副中心产业“腾笼换鸟”全面推进，积极对接雄安新区规划建设；汽车、医药、装备、大数据和云计算等领域的产业合作和项目落地取得重大突破。

2. 天津

《天津市国民经济和社会发展第十四个五年规划和二〇三五年远景目标纲要》和《天津市制造业高质量发展“十四五”规划》指出，“十三五”时期，天津以深化供给侧结构性改革为主线，加快构建以智能科技产业为引领的现代工业产业体系，全力推进全国先进制造研发基地建设，工业高质量发展态势加快形成。

产业结构调整成效显著。2020年，全市工业增加值达到4 188亿元，占地区生产总值比重达到29.7%。“十三五”期间工业增加值年均增长3.6%。智能科技产业成为引领产业转型升级的重要引擎，营业收入占全市规模以上工业和限额以上信息服务业比重达到 23.5%。人工智能产业加快培育，国家新一代人工智能创新发展试验区、天津（西青）国家级车联网先导区成功获批。产业结构明显改善，工业战略性新兴产业增加值占规模以上工业增加值比重达到 26.1%，比“十二五”末提高 8.6 个百分点；高技术产业（制造业）增加值占规模以上工业增加值比重达到 15.4%。360、TCL 北方总部等总部企业成功落户，云账户、今日头条、滴滴出行等新业态企业加快培育壮大。绿色转型步伐加快，114 个绿色工厂、绿色供应链、绿色园区、绿色产品入选国家绿色制造名单，规模以上工业单位增加值能耗累计下降 16%。

产业创新能力持续提升。信息技术应用创新产业全国领先，打造了涵盖芯片、操作系统、数据库、服务器的完整产业链。企业创新主体地位进一步增强。工业企业研发经费支出占全市研发经费支出比重达到 46.1%。国家企业技术中心达到 68 家，位居全国重点城市第 3 名。市级企业技术中心达到 646 家，比“十二五”末增加 102 家。培育建设现代中药、车联网、操作系统等 9 家市级制造业创新中心。国家技术创新示范企业总数达到 22 家，比“十二五”末增加 12 家。中科曙光成为国家先进计算产业创新中心，形成天津工业生物技术研究所、天津药物研究院、中国汽车技术研究中心有限公司、“芯火”双创基地等一批产业创新平台。新一代超级计算机原型机、重组埃博拉病毒疫苗、首款脑机接口专用芯片“脑语者”等一批关键核心技术取得重大突破。

重大项目加快建设。“十三五”时期，工业固定资产投资年均增长 5.6%。实施 5 000 万元以上工业投资与技改项目 1 300 项，累计投资 5 400 亿元，为工业经济增长提供了有力支撑。一汽大众华北基地、空客 A330、爱旭太阳能电池等一批重大项目相继竣工投产，长征五号、七号、八号运载火箭和空间站核心舱完成总装，大型察打一体无人机“彩虹—5”批量生产。中芯国际全球单体最大 8 英寸晶圆生产线等项目顺利实施。中沙新材料园、“两化”搬迁、中石化液化天然气（LNG）等一批重大项目持续推进，南港化工新材料产业基地加快建设。

智能制造深入推进。成功举办四届世界智能大会，设立了百亿元智能制造财政专项资金，累计支持五批 1 726 个项目，市、区两级财政共支持资金 52.1 亿元，形成 1∶20 的放大带动效应，建成丹佛斯、海尔第五代移动通信（5G）智能工厂等一批全球智能制造标杆，累计创建 102 家智能工厂和数字化车间。工业互联网创新发展，培育了中汽研、宜科电子等一批行业工业互联网平台，超过 6 000 家工业企业上云。重点企业数字化研发设计工具普及率达到 81.9%，生产设备数字化率达到 53.3%，关键工序数控化率达到 54.8%。移动宽带、固定宽带下载速率从全国第 11 位、第 7 位双双跃居全国第 3 位，累计建成 5G 基站 2.4 万个，打造“宽带中国”示范城市。

产业布局不断优化。“两带集聚、多极带动、周边辐射”的产业空间布局基本形成，累计建成 11 个国家新型工业化产业示范基地，产业集聚度进一步增强。滨海新区工业产值占全市比重保持在 50%以上，龙头带动作用进一步发挥；其他各区都市产业、高端产业、特色产业等加快培育。“钢铁围城”基本破解，通过局部退出、减量调整，实现集中布局、提质增效、绿色发展。“园区围城”治理基本完成，完成 246 个园区治理，整合形成以国家级园区为龙头、市级园区为支撑的空间格局，为产业高质量发展腾出空间。

3. 河北

《河北省国民经济和社会发展第十四个五年规划和 2035 年远景目标纲要》《河北省战略性新兴产业发展“十四五”规划》《河北省制造业高质量发展“十四五”规划》指出，“十三五”期间，河北经济社会发展取得显著成效，综合经济实力跃上新台阶，全省生产总值由 2010 年的 1.8 万亿元增长到 2020 年的 3.62 万亿元。制造业综合实力迈上新台阶。

规模以上工业增加值年均增长 4.7%，制造业增加值占 GDP 比重达到 27%，比全国平均水平高 0.8 个百分点。民营经济增加值达 2.3 万亿元，年均增长 6.2%，高于全省 GDP 增速 0.1 个百分点。高新技术产业增加值占规模以上工业增加值比重由 2015 年的 16%提高到 2020 年的 19.4%。2020 年全省数字经济规模达 1.09 万亿元，占 GDP 比重 31.2%。关键工序数控化率由 2015 年的 49.2%提高到 2020 年的 55.3%，连续 5 年高于全国平均水平 3.2%以上，居全国第 5 位。

新增长点不断涌现。生物医药、新能源、轨道交通装备、新材料等产业规模不断扩大，优势持续巩固增强。新能源汽车、新型显示、大数据、机器人、氢能等新兴产业乘势而上，迅速崛起壮大。大数据与物联网、信息技术制造、生物医药、高端装备制造等领域一批重大项目落地实施。

产业聚集效应显现。35 个国家级、省级战略性新兴产业示范基地已成为引领全省产业转型升级的新引擎。张家口可再生能源示范区高性能燃料电池电堆产业化、单晶异质结太阳能电池等重大项目加快实施，氢能、风光储输及应用全产业链加速形成。石家庄国家生物产业基地综合竞争力在全国排名由 2016 年的第 11 名上升到第 7 名，生物药物、高端化学药、现代中药产业链提升优化。京津冀大数据试验区秦淮、润泽、阿里等一批大数据中心投入运营，全省数据中心建设机柜数量超 35.5 万标准架、运营服务器数量超 150 万台。怀来大数据、唐山机器人、安国现代中药等示范基地特色产业链延伸壮大，集聚优势日益明显。

创新能力持续增强。全省规模以上制造业企业研发经费投入平均增长 11.9%。规模以上工业企业新产品开发项目数量和专利申请量比 2015 年实现翻番，国家级高新技术企业数量增长近 5 倍，达到 9 400 家，跻身全国前十；科技型中小企业年均增长超过 1 万家，总数突破 8.7 万家。省级以上工程研究中心、重点实验室、企业技术中心、技术创新中心等创新平台达到 2 212 家，是“十三五”初期的 2.45 倍，其中国家级创新平台达到 102 家。涿州模式动物表型国家重大科研基础设施、中科院雄安创新研究院等重大平台加快推进。在高速动车组、创新药物、光伏风电、现代通信等领域取得重要技术突破，51 项科研成果获国家科学技术奖励，科技进步贡献率从 2015 年的 46%提高到 2020 年的 60%。

二、长三角制造业发展概况

1. 上海

《上海市先进制造业发展“十四五”规划》《上海市产业绿色发展“十四五”规划》指出，“十三五”时期，上海制造业发展成果显著。全面落实国家战略，积极应对国内外复杂形势变化，持续发力稳增长、抓项目、扩投资、调结构。工业总产值从 33 212 亿元提高到 37 053 亿元，平均增速 2%；工业增加值从 7 110 亿元提高到 9 657 亿元，平均增速 2%。2020 年工业增加值占 GDP 比重为 25%。

关键战略领域创新突破。C919 国产大型客机成功首飞，CR929 宽体客机启动设计，ARJ21 支线客机开展商业运营，大型邮轮开工建设，国家重型燃气轮机试验基地启动建设，建成全球北斗地基增强系统，参与“墨子号”“嫦娥五号”“天问一号”等航天发射任务，国家集成电路、智能传感器两个制造业创新中心落户上海。瞄准关键领域，实施 169 个工业强基项目，布局一批国家级、市级制造业创新中心和企业技术中心。

创新型产业引领发展。加快培育引领未来发展的新动能产业，推动集成电路、生物医药、人工智能三个“上海方案”落地。集成电路实现 14 纳米先进工艺规模量产，5 纳米刻蚀机、12 英寸大硅片、国产 CPU、5G 芯片等技术产品打破垄断；生物医药加快向“首发引领”转型，涌现阿尔茨海默症等领域全球首研新药、PET-CT（正电子发射计算机断层显像）等国际一流医疗器械；人工智能入选国家创新发展试验区和创新应用先导区，云端智能芯片取得突破，连续成功举办 3 届世界人工智能大会。战略性新兴产业制造业产值从 8 064 亿元提高到 13 931 亿元，占规模以上工业总产值比重从 26%提高到 40%。

重大产业项目加快建设。统筹招商引资，加快引进制造业总部机构、龙头企业、旗舰项目、功能平台、隐形冠军，推进建设集成电路、生物医药、人工智能、新能源汽车等领域一批重大产业项目，累计建设 30 多个 100 亿级以上、250 多个 10 亿级以上项目。全市工业固定资产投资累计完成 6 146 亿元，其中技术改造投资占比达到 60%以上，制造业投资截至“十三五”末，已连续 34 个月实现两位数增长。

产业质量效益持续提升。优化产业空间布局，在全国首创发布产业地图。产业园区单位土地工业总产值从 67.4 亿元/平方公里提高到 76.7 亿元/平方公里，园区工业总产值占全市工业总产值比重超过 80%。累计完成市级产业结构调整项目 5 973 项、成片调整重点区域 51 个。绿色制造不断深入，开发设计 116 项绿色产品，建设 100 家绿色工厂、20 个绿色园区、11 条绿色供应链，“十三五”以来工业单位增加值能耗累计下降 17%。

新业态新模式蓬勃兴起。制造业和服务业、工业化和信息化加快融合发展。生产性服务业重点领域营业收入超过 3 万亿元，生产性服务业功能区单位土地面积营业收入达到 319 亿元/平方公里，认定一批服务型制造示范企业、项目和平台。在线新经济、新生代互联网企业快速发展，软件和信息服务业营业收入突破万亿规模，年均增速超过 12%，文化创意产业年均增长超过 10%。

工业绿色发展取得显著成效。能效水平稳步提升。落实“双控”目标任务，截至 2020 年，工业用能总量累计下降 356 万吨标准煤，单位工业增加值能耗累计下降 16.9%。实施 500 余家工业重点用能单位能源审计，推动 413 家重点用能单位建立能源管理体系，挖掘节能潜力 110 万吨标煤。组织实施节能改造项目 421 项，节能量 42.3 万吨标煤。完成市级产业结构调整项目近 6 000 项，共减少能源消费近 150 万吨标准煤。主要工业产品单耗持续下降，电厂发电煤耗、吨钢综合能耗、芯片单耗、乘用车单耗等达到国内领先水平。

绿色制造体系初步建立。着力推行制造业绿色转型升级，企业、园区等绿色化水平显著提升。组织实施 20 项绿色制造重点项目，培育 11 家绿色制造系统解决方案供应商。评定市级绿色工厂 100 家、绿色供应链管理企业 11 家、绿色园区 20 个、绿色设计产品 116 个。其中，获得工信部授予的绿色工厂 56 家、绿色供应链 5 家、绿色园区 3 个、绿色设计产品 26 个、绿色设计示范企业 3 家。

2. 江苏

《江苏省“十四五”制造业高质量发展规划》指出，“十三五”期间，江苏制造业综合实力稳居全国前列，制造业增加值达 3.5 万亿元、规模约占全国 1/8，贡献了全省 34.5%的地区生产总值、39.1%的税收，6 个集群在国家先进制造业集群竞赛决赛中胜出，数量居全国第一。

产业结构调整持续深化，战略性新兴产业、高新技术产业产值占比分别达到 37.8%和 46.5%，较“十二五”末分别提高 8.0 个百分点、6.4 个百分点，七大高耗能行业营收占比由 31.6%下降到 28.6%，超额完成国家下达的节能减排和去产能任务。

制造业创新能力不断增强，规模以上工业企业研发经费投入强度达 2%左右，较“十二五”末翻一番，创建国家级制造业创新中心 2 个，占全国1/8，高新技术企业超过 3.2 万家，承担国家工业强基项目 74 个，数量全国第一，高铁齿轮传动系统核心零部件、航空级钛合金材料、高标准轴承钢等基础材料、零部件和工艺取得突破。

制造模式加快转型，大规模数字化改造加快推进，工业互联网网络基础、平台中枢、安全保障作用进一步显现，累计建成智能制造示范工厂 42 家、智能车间 1 307 家，培育重点工业互联网平台 86 家、标杆工厂 95 家，5G 基站基本实现全省各市、县主城区和重点中心镇全覆盖，企业两化融合指数达 63.2，连续 6 年位居全国第一。骨干企业支撑有力，年营业收入超百亿元工业企业 148 家，其中超千亿元企业 12 家，国家制造业单项冠军和专精特新“小巨人”企业分别达 104 家、113 家，省级专精特新“小巨人”企业 1 374 家。

3. 浙江

《浙江省全球先进制造业基地建设“十四五”规划》《浙江省高端装备制造业发展“十四五”规划》指出，“十三五”期间，浙江先进制造业基地建设取得重大进展。到2020年年底，规模效益持续提升，制造业增加值突破2万亿元，规模以上制造业劳动生产率达23.5万元/人，规模以上工业亩均增加值达136万元/亩。创新发展动力强劲，规模以上制造业企业研究与试验发展经费占营业收入的比重达2.8%，新产品产值率达42.4%，企业技术创新能力居全国第三。数字经济快速增长、总量居全国第四，核心产业增加值年均增长15.2%、占生产总值（GDP）比重10.9%，产业数字化指数居全国第一。产业结构明显优化，规模以上工业中战略性新兴产业、高新技术产业、高技术制造业增加值分别占33.1%、59.6%和15.6%。企业活力显著增强，96家企业入围中国民营企业500强，国家制造业单项冠军、专精特新“小巨人”企业数量均居全国第一。绿色制造稳步推进，规模以上工业单位增加值能耗年均下降4.2%，累计认定国家绿色产品215个、绿色工厂164家、绿色园区11个。开放水平不断提高，制造业累计实际利用外资225.9亿美元，规模以上工业出口交货值占全省出口总值的48.2%。

“十三五”以来，我省装备制造业规模效益持续增长，对全省工业经济的支撑作用不断增强。2020年，浙江规模以上装备制造业总产值达到31 802亿元，成功跨越3万亿元台阶，年均增速6.23%；实现增加值7 381亿元，年均增速8.73%，占规模以上工业比重达到44.2%，较2015年占比提高8.1%；共有规模以上企业20 617家，占规模以上工业企业总数的44.2%；企业利润2 568亿元，占规模以上工业比重为46.3%。

装备制造业创新投入不断加大，自主创新能力有较大提升，产品创新和创新载体建设成果显著，工业汽轮机、大型空分装置、五轴联动数控机床、飞机部件智能柔性精加工系统、高功率激光加工装备等一批重大装备获得突破，具有自主知识产权的高精度熔喷模头等医疗装备成功打破国际垄断。2020 年，全省规上装备制造业研发费用 1 186 亿元，占营业收入比重为 3.59%，高出规模以上工业 0.97%；新产品产值 16 538 亿元，新产品产值率达 52.0%，高出规模以上工业 13.0%。装备制造业拥有国家级企业技术中心 71 家，省级制造业创新中心 10 个。节能与新能源汽车及先进交通产业增加值 1 295 亿元，占全省装备制造业比重达 17.5%。装备制造业产业集群和特色优势产业链建设成效显著。累计创建 10 个高端装备制造业“国家新型工业化产业示范基地”，培育 7 个高端装备制造业省级高新技术产业开发区，培育建设 32 个省级高端装备特色小镇，其中 9 个已经通过命名。

4. 安徽

安徽深入实施制造强省战略，制造业发展取得新的历史性成效。《安徽省“十四五”制造业高质量发展（制造强省建设）规划》指出，2020 年全部工业增加值居全国第 10 位，“十三五”期间，全省规模以上工业增加值年均增长 8.1%，居全国第 3 位，2020 年制造业高质量发展指数居全国第 7 位、中部第 1 位。工业经济、民营经济、数字经济、制造业增加值先后迈上新的万亿元台阶。

产业发展实现新突破。推动钢铁、有色、化工、建材等传统优势产业转型升级，推进淘汰落后产能。促进集成电路、新型显示、智能语音、工业机器人等一批新兴产业从弱到强，加快构建现代产业体系，实施“建芯固屏强终端”行动，新型显示实现“从砂子到整机”的完整产业链布局，新能源汽车产销量占全国 8%，工业机器人年均增速超 50%，智能可穿戴设备出货量全球领先。聚焦“大智移云”促融合。坚持数字产业化、产业数字化，出台数字经济和 5G 发展规划及政策，5G 基站实现地级市城区连续覆盖，大力实施“5G+工业互联网”创新发展工程，加快云计算等新一代信息技术在企业的广泛应用，培育“登云”企业超万家。

推动制造模式向数字化升级、智能化转型、绿色化改造转变，制造业转型升级步伐加快。实施新一轮技术改造行动，每年实施亿元以上重点技术改造项目 1 000 项以上。“点线面”推动机器换人、数字化车间和智能工厂建设。实施节能环保“五个一百”行动，建设绿色制造体系，规模以上工业单位增加值能耗累计下降 20.05%。节能环保产业年均增长 17.4%。大力发展服务型制造，建设国家级服务型制造示范企业 12 家，国家级工业设计中心 11 家。

全省民营企业达 150 万户，是“十二五”末的 2.5 倍。持续举办“创客中国”安徽省创新创业大赛，推动“个转企、小升规、规改股、股上市”，大力培育省成长型小微企业、专精特新企业、专精特新“小巨人”企业、制造业单项冠军企业，涌现出国家级专精特新“小巨人”企业 229 户、制造业单项冠军 19 家；9 家皖企入围中国 500 强企业，海螺集团、铜陵有色连续两年入围世界 500 强企业。

推进供给侧结构性改革。实施增品种、提品质、创品牌“三品”战略，大力培育新产品和工业精品，累计认定安徽省新产品 3 797 个、安徽工业精品 613 个，携手央视开创性打造“精品安徽・皖美智造”平台，收看人次超过 300 亿。着力化解企业产品库存压力，举办装备制造、工业机器人、家博会等产销对接活动 40 余场次。连续出台降成本“20＋10＋20”政策包，累计为企业减税降费 4 108 亿元，工业企业利润率上升至 6.05%。

三、泛珠三角制造业发展概况

根据《国务院关于深化泛珠三角区域合作的指导意见》（2016），泛珠三角区域将成为全国经济发展的重要引擎。“强化珠三角地区与港澳的辐射引领作用，带动中南、西南地区加快发展，加强与长江经济带发展的有机衔接和统筹协调，在全国创新发展方面发挥重要的示范作用，构建有全球影响力的先进制造业和现代服务业基地，成为促进全国经济平稳健康发展的重要引擎。”在“十三五”期间，泛珠三角区域各省市制造业发展取得了显著增长。①

---

① 相关资料来源于泛珠三角区域各省市自治区《国民经济和社会发展“十四五”规划》及各类专项规划。四川省制造业发展概况将在成渝地区讨论。

1. 广东①

广东制造业规模实力全国领先。2020 年，全省规模以上制造业增加值从 2015 年的 2.66 万亿元提升至 3.01 万亿元，规模以上制造业企业数量超过 5 万家，均居全国第一。已形成新一代电子信息、绿色石化、智能家电、先进材料、现代轻工纺织、软件与信息服务、现代农业与食品等 7 个产值超万亿元产业集群，5G 产业和数字经济规模全国第一。家电、电子信息等部分产品产量全球第一，汽车、智能手机、4K 电视、水泥、塑料制品等主要产品产量位居全国首位。

创新水平稳居前列。规模以上制造业研发经费支出 2 285.42 亿元、占规模以上制造业营业收入比重从 2015 年的 1.35%提高到 1.67%。国家级高新技术企业总量达 5.3 万家，位居全国第一；营业收入 5 亿元以上的工业企业全部设立研发机构，拥有 2 家国家级制造业创新中心和 28 家省级制造业创新中心。知识产权综合发展指数连续 8 年位居全国第一。5G 产业发展全球领先，省内通信龙头企业的 5G 标准必要专利数量占全球比重超过 25%。

质量效益稳步提升。2020 年，全省规模以上制造业企业利润总额达 8 334.85亿元，占全国 14.9%；规模以上制造业全员劳动生产率从 2015 年的 18.9 万元/人提高到 23.9 万元/人，年均增长 5.7%；先进制造业和高技术制造业增加值占规模以上工业增加值比重分别达 56.1%和 31.1%，分别比 2015 年提高 7.7、5.5 个百分点；年营业收入超百亿元制造业企业数量达 106 家，进入世界 500 强制造业企业 6 家。2 家制造业企业获得中国质量奖，10 家企业获得中国质量奖提名奖。

数字化网络化智能化发展水平位居全国第一梯队。2020 年，累计建成 5G 基站 124 266 座，约占全国 17.5%，居全国第一；建设工业互联网产业生态供给资源池，4 家企业入选国家级工业互联网跨行业、跨领域平台，

① 相关资料来源于《广东省高质量发展“十四五”规划》。

累计推动 1.5 万家工业企业运用工业互联网数字化转型。累计培育 25 个国家级、378 个省级智能制造试点示范项目；工业机器人产量达 7.04 万台(套)，比 2015 年提升 838.67%，约占全国 29%，成为国内重要工业机器人产业基地，人工智能核心产业及相关产业规模均居全国第一梯队。

绿色制造发展取得明显成效。2020 年，累计建设国家级绿色工厂 195 家、绿色产品 544 个、绿色园区 9 个、绿色供应链 27 个，绿色制造示范数量居全国首位，规模以上工业单位增加值能耗逐年下降。全省累计推动 132 家园区开展循环化改造，列入国家开发区目录的省级以上工业园区开展循环化改造比例达 82.5%，超额完成国家“十三五”规划的目标任务。成为新能源汽车动力蓄电池回收利用试点省份，截至 2020 年底，已实现 21 个地级以上市回收服务网点全覆盖。

2. 福建①

“十三五”期间，福建地区生产总值接连跃上 3 万亿元、4 万亿元台阶，2020 年达 4.39 万亿元。全省战略性新兴产业增加值超 6 000 亿元，2020 年工业战略性新兴产业增加值占规上工业增加值比重较 2015 年提高了 7.6 个百分点。2020 年福建高新技术产业化效益指数位列全国第 4 位；高成长性企业超过 470 家，国家高新技术企业突破 6 400 家。数字经济发展迅猛，2020 年福建数字经济发展指数排名全国第 8 位，数字经济增加值占地区生产总值的比重达 45%左右。

企业创新投入不断增加，“十三五”期间全省企业研发费用加计扣除额年均增长 50%以上，全社会研发投入增速连续五年高于全国平均水平。科技创新平台建设不断完善，电化学储能技术国家工程研究中心成为福建省获批的第二家国家工程研究中心，光电信息、能源材料、化学工程、能源器件等 4 家省创新实验室启动建设，省级以上重点（工程）实验室累计达 258 家、工程（技术）研究中心 640 家、企业技术中心 648 家，省级产业协

① 相关资料来源于《福建省“十四五”战略性新兴产业发展专项规划》。

同创新院 21 家，首次布局建设 10 家省“一带一路”对外合作科技创新平台。科技中介服务加快发展，技术合同成交额连续 5 年破百亿元，建设省级以上技术转移机构 80 家、科技企业孵化器 68 家。

新一代信息技术产业快速壮大，产业增加值年均增长 16.9%，建成沿海新型显示产业带，推进一批集成电路领域重大项目建设，28 纳米制程芯片形成规模化量产并跻身国内领先水平，拥有全国唯一全产业链自主生产光芯片的企业。新材料产业增加值年均增长 25.7%；新能源产业增加值年均增长 25.5%。生物医药产业增加值年均增长 16%以上。

新兴产业集群建设成效显著，形成 7 个产值超千亿元的战略性新兴产业集群。福厦泉国家自主创新示范区创造全省国家高新区 64%的工业总产值，集聚全省 83%的高新技术企业、72%的科技小巨人领军企业以及 76%的新型研发机构。以上汽宁德基地为龙头的新能源汽车产业集群加快形成，集成电路产业基本形成以厦门、泉州为辐射高地的“一带双核多园”格局，石墨烯产业形成“两核三区”集聚格局。

3. 江西①

江西全部工业增加值、规模以上工业营业收入和利润总额分别进位至全国第 14 位、第 13 位和第 10 位。规模以上工业企业 13 710 家，居全国第 11 位，五年净增 4 484 家，其中百亿企业 28 家。工业对就业、税收、GDP（地区生产总值）、投资贡献率分别在 30%、30%、40%、50%左右，研发投入占全社会比重超过 80%。

2020 年，战略性新兴产业、高新技术产业、装备制造业增加值占规模以上工业比重分别为 22.1%、38.2%、28.5%，较 2015 年分别提高 9.1、12.5、5.7 个百分点。绿色制造体系加快形成，规模以上工业中，单位增加值能耗累计下降 21.4%，制造业一般工业固废综合利用率达 95%。技术创新能力稳步提升。“十三五”末，全省有研发活动、有研发机构的规模以

① 相关资料来源于《江西省“十四五”制造业高质量发展规划》。

上工业企业占比分别较“十二五”末提高 20 个百分点以上，工业研发投入总额和强度是“十二五”末的 1 倍多。

全省开发区建成多功能综合性服务平台 82 个、各类专业化平台 1 227 个。培育形成国家大中小企业融通型特色载体 3 个、国家级新型工业化产业示范基地 17 个，创建省级示范基地 10 个、省级基地 66 个，省级战略性新兴产业集聚区 20 个，省级重点产业集群达到 100 个，其中，过千亿元集群 2 个，过 500 亿元 8 个，过百亿元 88 个。省级重点产业集群营业收入突破 2 万亿元，占开发区比重 2/3 以上。全省开发区营业收入突破 3 万亿元，占规模以上工业比重 85%以上。

4. 广西①

广西全区规模以上工业增加值稳定增长，2018 年、2019 年、2020 年分别增长 4.7%、4.5%、1.2%，到 2020 年，工业增加值 5 221 亿元，是 2017 年的 1.1 倍。工业投资增速高于全国平均水平，2018 年、2019 年、2020 年分别增长 12.2%、11.1%、7.7%，比全国平均水平分别高出 5.7%、6.8%、7.6%，成为稳投资的重要支撑力量。工业质量效益明显提高，2018—2020 年，工业企业利润年均增长 7%，高于同期地区生产总值平均增速；工业税收占全区税收总收入的 35%左右，工业成为税收的重要来源。

截至 2020 年底，百亿元产值企业达到 15 家，比 2017 年翻一番；中国制造业 500 强企业 11 家。大力实施“三百二千”科技创新工程和高新技术企业再倍增计划，科技企业快速壮大。高新技术企业 2 806 家，瞪羚企业 107 家，全国专精特新“小巨人”企业 27 家，单项冠军企业 2 家。重点推进有色金属、机械、汽车、冶金、石化化工、食品等传统产业智能化升级，2018—2020 年共认定智能工厂示范企业 88 家、数字化车间 17 家。大力推进糖、铝、冶金、建材等传统产业节能技改，组织实施绿色制造体系，分

① 相关资料来源于《广西工业和信息化高质量发展“十四五”规划》。

别创建国家级、自治区级绿色园区 6 个、10 个，分别创建国家级、自治区级绿色工厂 45 个、81 个，分别培育国家级、自治区级绿色产品 30 种、17 种。

战略性新兴产业取得长足发展。大力发展新一代信息技术、新能源汽车、高端装备制造、生物医药、新材料、绿色环保、新能源等战略性新兴产业。截至 2020 年底，工业战略性新兴产业企业 986 家，占规模以上工业企业总数的 14.5%。战略性新兴产业增加值占全区规模以上工业增加值比重由“十二五”末的 5.4%提高到“十三五”末的 16%。实施补链强链延链项目超过 500 项，带动产业集群发展，打造了 10 个千亿元产业，其中食品、冶金、汽车三个产业产值超过 2 000 亿元。

5. 海南①

海南经济保持稳步增长，地区生产总值年均增长 5.9%，提前实现总量翻番的小康目标。新旧动能初步转换，12 个重点产业对经济增长的贡献率达到 65%、互联网产业规模年均增速超过 30%，高新技术企业突破 800 家。

海南高新技术产业保持较快发展。2020 年，规模以上油气产业实现产值 718.2 亿元；规模以上医药产业实现产值 246.9 亿元，比 2015 年增长 70.2%；数字经济产业实现营业收入 1 257.6 亿元，是 2015 年的 5.2 倍；全省工业实现增加值 536.3 亿元，比“十二五”末增长 7.1%。“十三五”期间，规上工业企业利润合计 680.6 亿元，年均增长 5.0%；工业累计上缴税收 1 208.7 亿元，占同期全省税收的 21.9%。

初步形成了以洋浦经济开发区、东方临港产业园为核心的油气产业集聚区，高性能树脂改造等项目稳产达产，百万吨乙烯、26 万吨聚碳酸酯等重大项目加快建设。“海口药谷”集聚度进一步扩大，陆续启动了美安科技新城及一批重点项目建设。海口、澄迈、三亚等地数字产业发展较快，集

① 相关资料来源于《海南省国民经济和社会发展第十四个五年规划和二〇三五年远景目标纲要》《海南省高新技术产业“十四五”发展规划》。

聚了百度、阿里巴巴、腾讯、360、迅雷等一批头部企业区域总部。

科技创新生态显著改善。“十三五”期间，海南持续引进了中科院力学所、中科院理化所、中科院南海所，以及上海交通大学、浙江大学、中国海洋大学等知名高校院所，共建科技创新载体和平台，全省省级重点实验室和工程技术研究中心总数增长至114家，科技创新推动经济转型升级成效显著。截至2020年底，全省高新技术企业达到838家。

6. 湖南①

2020年，湖南地区生产总值41 781. 5亿元，规模工业增加值同比增长4.8%。工业主导地位突出，形成了3个万亿、14个千亿产业。2020年，全省实现战略性新兴产业增加值4 190.73亿元，“十三五”期间年均增速为9.9%，高出规模以上工业增速3个百分点，占GDP比重达到10.0%。长株潭城市群战略性新兴产业发展增长极作用进一步凸显。岳阳市、常德市、衡阳市、娄底市等地战略性新兴产业发展各具特色。岳麓山国家大学科技城、马栏山视频文创产业园、郴州国家可持续发展议程创新示范区等重大战略平台先后获批建设，多点支撑格局逐步形成。

战略性新兴产业结构不断优化，核心产业优势显著。工程机械和轨道交通装备产业规模稳居全国第一，其中工程机械主营业务收入占全国1/4以上，电力机车市场份额世界第一。新材料总量规模居中部第一、全国前列，先进储能材料产业市场占有率、硬质合金产量位居全国第一。具备全国唯一的中小型航空发动机研制基地。信创产业构建“两芯一生态”的发展格局，移动互联网连续多年保持高速发展态势。特色中成药、中药饮片、生物农业等实现特色生物资源深度开发带动产业快速增长。

数字创意、新能源汽车等领域具备良好发展基础，潜力巨大。一批优势集群逐步占领全国高地，工程机械、先进轨道交通装备、航空动力等三大世界级产业集群基本成形，长沙智能制造装备、湘潭智能制造装备、岳

① 相关资料来源于《湖南省2020年国民经济和社会发展统计公报》《湖南省“十四五”战略性新兴产业发展规划》。

阳新型功能材料和娄底先进结构材料等 4 个产业集群列入国家第一批战略性新兴产业集群发展工程，长沙工程机械、株洲轨道交通装备产业集群入围第一批国家先进制造业集群名单。郴州金属新材料、益阳电子信息等集群发展各具特色。

7. 云南①

“十三五”期间，云南经济总量跃上 2 万亿元台阶，全省经济总量年均增速高于全国平均水平 2 个百分点以上，增速位居全国前列。经济总量位次前移 5 位，排位从“十二五”末的第 23 位提升到了第 18 位。工业结构转变为烟草和能源两大支柱产业双驱动。经济增长动力由主要依靠投资拉动，转变为消费和投资双拉动。

人工智能领域，拥有基础材料、半导体功能材料、光电子器件、传感元件、显示器件、工业电子装备、数控机床等与人工智能有关的产业基础；在人工智能数据资源、计算资源、应用技术工具、垂直领域解决方案等多个环节已有所布局；一批重点骨干企业在智能机器人、数字化车间、智能制造、智能环保、智能交通、智慧旅游、智慧灾害防控、数字农业、智慧公共安全、智慧医疗、感知物流、智慧城市等领域开展了应用。

“十三五”期间，云南以推动实施工业技改为具体突破口和着力点，五年来，累计组织实施工业转型升级重点项目 1 500 项。以加快新一代信息技术与制造业深度融合为主线，以推进智能制造为主攻方向，促进信息技术向研发、设计、生产、销售等环节渗透，构建智能制造新体系。加快信息化和工业化的深度融合，全省累计参与两化融合评估诊断和对标引导企业数量从 75 家增至 2 629 家，排名从全国第 31 位跃至第 16 位，通过两化融合管理体系评定的企业数量由 4 家增至 64 家。引导工业企业实施智能制造试点示范和数字化、网络化、智能化（以下简称“三化”）改造示范，累计组织实施智能制造示范项目 73 个，“三化”改造示范项目 68 个。启动

① 相关资料来源于《云南省国民经济和社会发展第十四个五年规划和二〇三五年远景目标纲要》《云南省“十四五”制造业高质量发展规划》《云南省新一代人工智能发展规划》。

“万企上云上平台”，推动数字经济与实体经济融通发展，“上云上平台”企业突破 5 000 户。

8. 贵州①

贵州经济增速连续 10 年位居全国前 3，地区生产总值在全国从 2015 年的第 25 位上升到第 20 位，人均地区生产总值从第 29 位上升到第 25 位。12 个农业特色优势产业快速发展，“双千工程”和十大工业产业振兴行动扎实推进，农业增加值和规模以上工业增加值增速连续位居全国前列。

产业规模不断扩大。2020 年，全省战略性新兴产业总产值和增加值分别约为 6 300 亿元和 1 600 亿元，其中工业总产值约为 3 100 亿元、年均增速 12.37%；战略性新兴产业增加值占 GDP 比重为 9%，提升了 3 个百分点。大数据、酱香白酒、新材料、现代中药民族药、精细磷煤化工等产业对经济发展的支撑作用进一步增强，中高端制造业、知识密集型服务业比重大幅提升。

优势产业发展地位突出。数字经济增速连续 6 年排名全国第一，大数据集聚效应逐步凸显，形成中国南方规模最大的数据中心集聚区。贵阳市信息技术服务产业集群、铜仁市新型功能材料产业集群获批国家第一批战略性新兴产业集群，示范带动作用凸显。以酱香白酒为主的白酒产业工业增加值占全省工业增加值 30%以上，龙头企业带动能力显著增强。现代中药民族药产业品牌逐渐打响，苗药成为全国销售额最大的民族药。精细磷煤化工产业总产值突破千亿元，资源禀赋优势突出。新能源及新能源汽车、特色农产品精深加工等产业加速发展。

全省区域创新能力、区域科技创新水平分别从全国第 22 位提升至第 20 位、第 30 位提升至第 27 位。科技进步贡献率提高到 51.01%，增加了 5.61 个百分点。专利授权超 10 万件，年均增长 19.9%。截至 2020 年底，

---

① 相关资料来源于《贵州省国民经济和社会发展第十四个五年规划和二〇三五年远景目标纲要》《贵州省“十四五”战略性新兴产业集群发展规划》、贵州省科学技术厅门户网站。

国家级创新平台近100家，省级创新平台达到366家。全省国家级高新区2个，高新技术企业1 897家。

四、成渝地区制造业发展概况

“十三五”以来，成渝地区发展驶入快车道。中心城市辐射带动作用持续提升，中小城市加快发展，基础设施更加完备，产业体系日渐完善，科技实力显著增强，内需空间不断拓展，对外交往功能进一步强化。到2019年，地区生产总值年均增长8%以上，社会消费品零售总额年均增长10%以上，常住人口城镇化率超过60%，铁路密度达3.5公里/百平方公里，机场群旅客吞吐量超过1亿人次，常住人口规模、地区经济总量占全国比重持续上升，呈现重庆和成都双核相向发展、联动引领区域高质量发展的良好态势，已经成为西部地区经济社会发展、生态文明建设、改革创新和对外开放的重要引擎。①

1. 四川②

“十三五”时期四川制造强省战略取得重大成就，工业规模实力壮大，全部工业增加值总量达1.34万亿元，规模以上工业对全省经济增长的贡献为36.3%；产业结构逐步优化，五大支柱产业中电子信息产业营业收入率先迈上1万亿元台阶；创新能力加快提升，规模以上工业企业研发投入强度提高至1%左右，建成省级制造业创新中心13家、企业技术中心1 208家；企业活力充分激发，规模以上工业企业净增近1 000家，营业收入超百亿元企业74家，培育制造业单项冠军企业（产品）10个，省级以上专精特新企业2 404家；绿色发展更加坚定，规模以上工业单位增加值能耗累计下降26.85%；开放合作不断深化，引进了吉利沃尔沃、陶氏化学、宁德时代等一批知名企业，工业境外投资企业达230余家，制造强省建设

---

① 相关资料来源于《成渝地区双城经济圈建设规划纲要》。

② 相关资料来源于《四川省“十四五”制造业高质量发展规划》《四川省“十四五”企业发展规划》。

迈出坚实步伐。

规模实力稳步提升。截至 2020 年末，全省实有市场主体总量突破 700 万户，其中企业数达 179.8 万户。民营企业数达到 162.0 万户，占企业总数的 90.1%，全省企业进入“中国企业 500 强”15 家，进入“中国制造业企业 500 强”13 家，进入“中国民营企业 500 强”12 家。营业收入过百亿元的企业达到 74 户，比“十二五”末增加 26 户。营业收入过千亿元的企业达到 6 户，比“十二五”末增加 5 户。全省百强企业实现营业收入达 32 261亿元，利润 1 552 亿元，税收 1 329 亿元，百强企业进入门槛从 23.23 亿元提升到 70.63 亿元，增幅达 204%。结构调整步伐加快。截至 2020 年末，全省规模以上工业企业 14 843 家，资质等级建筑企业 7 483 家，限额以上批零住餐企业 1 293 家，规模以上服务业 7 636 家。五大支柱产业企业培育取得进展，支撑产业实现营业收入 4.2 万亿元，占全省规模以上工业营业收入比重达到 92.8%，其中电子信息产业规模迈上 1 万亿元台阶。

高新技术企业达 8 160 家，是“十二五”末的 3 倍，2020 年实现营业收入突破 2 万亿元，企业主要分布在软件与信息服务、智能装备、新材料等技术领域，其中软件与信息服务领域数量最多。规模以上软件企业和信息技术服务企业 1 863 家，其中软件企业主营收入百亿级企业达 11 家，十亿级企业达 67 家。钢铁化解过剩产能任务提前一年完成，城镇人口密集区危化品生产企业搬迁改造如期完成，规模以上工业单位增加值能耗累计下降 26.9%。

创新能力有效提升。截至 2020 年末，规模以上工业企业研发支出占比达到 0.92%，开展 R&D 活动的规模以上工业企业约 3 700 余家，规模以上工业企业研发活动覆盖率约为 25%。省级制造业创新中心 13 家，省级以上企业技术中心、工程技术研究中心分别达到1 208家、321 家，省级以上技术创新示范企业 78 家，四川省现有瞪羚企业达到 100 家。国家级、省级小型微型企业创业创新示范基地 20 个、88 个。在电子信息、装备制造、核技术、新材料、生物医药等重点领域技术创新走在全国前列，核电装备、高端飞行器等领域跻身世界前列，培育壮大了极米科技、先导药业、纵横科技等一批创新型领军企业。

2. 重庆①

重庆制造业发展取得长足进展，截至2020年，规模以上工业产值超过2万亿元，全部工业增加值近7 000亿元。产业体系更为健全，拥有全部31个制造业大类行业，基本建成门类齐全、产品多样的制造业体系。优势领域更加彰显，微型计算机、手机、汽车、摩托车产量占全国比重分别超过24%、9%、6%、29%，建成国内最大己二酸、氨纶生产基地。

市场活力不断增强。规模以上工业企业数量超过6 800家，其中千亿元以上企业1家、百亿元以上企业20家（独立法人）。创新能力持续提升，累计建成国家重点实验室10个、国家企业技术中心37家，规模以上工业企业研发投入强度超过1.6%，位居全国前列，12英寸电源管理芯片、硅基光电子成套工艺等领域在国内率先实现突破。

对外开放持续扩大。世界500强工业企业有237家在渝布局，工业领域利用外资连续10年保持在40亿美元以上，规模以上工业企业出口交货值占规模以上工业企业总产值比重提高至19.4%。设施体系更加完备，构建起“2+10+36”产业园区体系，陆海互济、四向拓展、综合立体的国际大通道网络加快形成。

实施以大数据智能化为引领的创新驱动发展战略行动计划和推动制造业高质量发展专项行动，制造业高质量发展态势加速形成。数字经济蓬勃兴起，“智造重镇”“智慧名城”加快建设，“芯屏器核网”补链成群，数字经济增加值占地区生产总值比重超过25%。新兴产业快速壮大，规模以上工业战略性新兴产业、高技术产业占规模以上工业产值比重分别提高至32%、28%。传统产业改造升级步伐加快，技术改造投资年均增长15.6%，累计建成67个智能工厂和359个数字化车间，规模以上工业企业全员劳动生产率达37.1万元/人。

---

① 相关资料来源于《重庆市制造业高质量发展“十四五”规划》。

第二章

京津冀制造业发展特征与升级路径

第一节　京津冀制造业发展历程与差异

一、京津冀协同发展的演变历程

京津冀协同发展的核心是京津冀三地作为一个整体协同发展，以疏解非首都核心功能、解决北京“大城市病”为基本出发点，调整优化城市布局和空间结构，构建现代化交通网络系统，扩大环境容量生态空间，推进产业升级转移，推动公共服务共建共享，加快市场一体化进程，打造现代化新型首都圈，形成京津冀目标同向、措施一体、优势互补、互利共赢的协同发展新格局。京津冀协同发展自 1986 年以“区域合作”的方式被首次提出以来，主要经历了四个阶段。

1. 京津冀区域合作发起阶段（1986—2003）

1986 年，河北依托环渤海、环京津的优势，率先提出京津冀区域合作战略；同年，天津市推动成立环渤海地区市场联合会，被认为是京津冀合作的最早形式；1988 年，北京市为促进与周边地区的协同发展，与河北省的 6 个城市联合创立了市长、专员联系会议制度，形成了早期的北京与河北的产业协作区，北京市与河北省的区域合作初步形成。1994 年，《北京城市总体规划（1991—2010）》正式出台，指出北京要通过技术、人才等方面的优势，与周边地区互通互联、互相合作，促进京津冀地区的协调发展；与天津形成良好的技术协同发展趋势，推动京津冀地区的经济发展，京津冀合作理念初见雏形。

1996年，“首都经济圈”的概念被首次提出。“首都经济圈”主要是指以北京为中心，以环北京的7个城市为依托，促进北京与河北的经济发展，通过首都资源的扩散来加强河北省的资源配置。2001年12月召开的环京津会议，正式确立了“大北京”理念，推动北京、天津与河北的保定、唐山、承德地区“金三角”建设，推动整个京津冀区域的协同发展。京津冀区域合作初见雏形。

2. 京津冀合作全面启动阶段（2004—2009）

2004年是京津冀协同发展具有实质意义的一年。国家发改委联合各地发改委召开战略研讨会，提出通过京津冀地区的联合，通过公共基础设施、资源发展和产业融合等方面的合作，促进京津冀地区的协同。这一战略合作的提出使京津冀合作得到了有效落实，标志着京津冀合作开始由务虚转向务实。2005年，北京市颁布《北京城市总体规划》，指出北京城市发展是全国经济发展的核心，而京津冀整体发展是北京城市发展的重点。北京开始主动寻求区域合作，通过京津冀区域的合作来探寻北京城市的未来发展之路。

2006年10月，北京与河北签订的促进合作备忘录提出北京与河北将在多个方面展开合作，河北借助北京资源优势和地理位置优势带动区域发展，北京则通过协同合作实现产业的转移升级。2007年6月，天津和河北召开经验交流会，就相关经验展开工作交流，并确定在资源发展、人才优势等领域展开合作。2008年，京津冀首次召开区域工作联合会，签署了关于促进协调发展的联合文件，京津冀区域合作发展正式落实到文件。

在此阶段，京津冀三个地区达成共识，合作全面启动。京津冀进入实质性合作阶段。

3. 区域发展规划初步编制阶段（2010—2013）

2010年，《京津冀都市圈区域规划》正式编制。京津冀都市圈地跨北京、天津两个直辖市和河北的石家庄、保定、唐山、秦皇岛、廊坊、沧州、张家口、承德8个地级市，通过以点带面、逐步扩散的方式带动周边城市的发展，促进京津冀的协调发展。2011 年 3 月，“京津冀一体化”正式写入“十二五”规划，为京津冀区域的协同发展提供了国家政策保障，以京、津直辖市双发展带动河北地区的经济增长与产业转型。

在此阶段，“京津冀一体化”正式写进国家规划，北京、天津、河北积极投入到合作中，推动全面的合作升级。

4. 京津冀协同发展加速落实阶段（2014—至今）

2014 年，京津冀海关区域通关一体化率先得到了有效落实，迈出一体化发展的第一步。2015 年 4 月 30 日，《京津冀协同发展规划纲要》通过，标志着京津冀协同发展正式上升为国家战略，京津冀协同发展空间布局如图 2-1 所示。

图 2-1　京津冀协同发展空间布局

2016年2月，《“十三五”时期京津冀国民经济和社会发展规划》印发，标志着国内第一个跨省市的五年计划正式形成，明确了京津冀协同发展的目标，力争在5年内将京津冀的产业打造成中高端产业，在有效疏解北京非首都功能的同时，经济发展得到进一步提升。通过京津冀的协同发展，对区域内资源进行有效整合，优化产业结构，使区域的整体实力稳步提高。

在此阶段，京津冀协同发展正式上升为国家战略，并得到有效落实。

二、京津冀制造业发展差异

1. 京津冀制造业各省市发展差异

如图2-2所示，从京津冀地区2010—2019年制造业总产值的增速来看，2010—2015年持续下降，2016年轻微回弹，2017—2018年出现负增长。2015年是京津冀协同发展加速落实的关键之年，京津冀的产业结构和空间结构做出了一定的调整，以促进北京、天津、河北三地的协同发展。由于工业发展历史及地理位置的相似性，三个省市制造业在很大程度上具有重叠性，京津冀协同发展规划明确了各省市的重点发展方向及产业，由于产业结构调整，制造业总产值增速变缓。2017—2018年，受“三去一降一补”“最严停工令”等政策的影响，京津冀地区积极做出整改回应，区域内制造业出现大范围的调整，从而连续两年制造业总产值增速呈现负增长。

在此阶段，一方面，京津冀进行产业结构战略调整，化解产能过剩。2017年全年化解钢铁水泥产能，减负焦炭生产，取缔关停多家“地条钢”企业，对京津冀钢铁制造业产生了较大的影响。另一方面，2017—2018年秋冬季，为缓解环境压力，减少环境污染，京津冀协同推进区域大气防污工作，并出台一系列政策文件。文件指出，对包括钢铁制造业在内的多个污染产业限产、停产，这对以钢铁制造及其加工业为主的区域产生了不小的影响，被称为“史上最严停工令”，涉及京津冀13个城市中的10个城市。2017—2018 年期间，京津冀大部分城市受到了整改措施的影响，大量钢铁、有色金属等制造业企业停产，焦化、建材等多个行业错峰生产，制造业出现负增长。

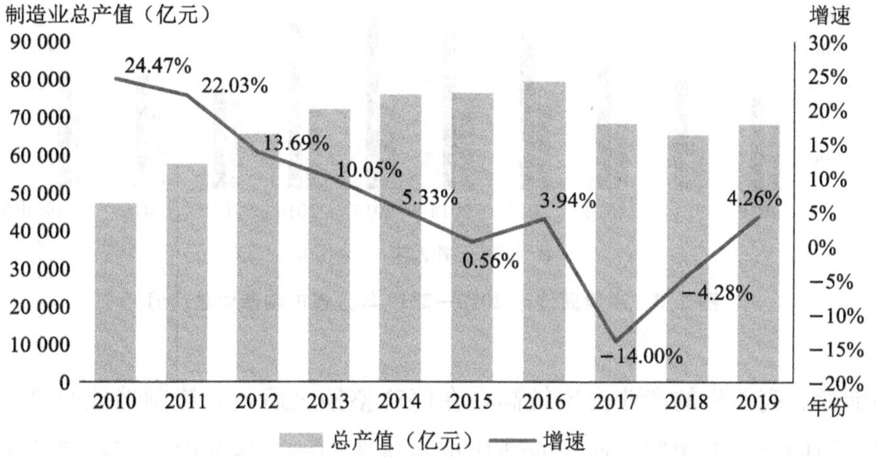

图 2-2　京津冀地区 2010—2019 年制造业总产值及增速

如图 2-3 所示，2019 年是京津冀协同发展中期目标的关键之年，制造业总产值达到 84 580 亿元，较去年同期增长 6.1%。其中，北京大力发展高精尖产业，规模以上高新技术产业增长 9.5%，对工业的贡献率达 74.7%。天津重点发展新兴制造业，其中智能制造业的增长率达到 8.2%。河北省战略性新兴产业也发展迅猛，产业增加值同比增长10.3%。

2010—2019 年，北京市制造业总产值呈现增长趋势，但增长的幅度较小，这与北京的首都功能定位密切相关，京津冀协同发展战略在一定程度上实现了首都制造业产业的转移，高能耗、高污染制造业所占比重降低。

2010—2016 年，天津制造业总产值呈现连续增长态势，且增长迅速；在 2017 年直线下降之后，2018—2019 年出现缓慢增长。可以看出，2017 年“最严停工令”的实施对天津市制造业产业影响较大，在 1 年时间内制造业总产值减少了 1 000 亿元。在产业结构调整之前，天津制造业产业中

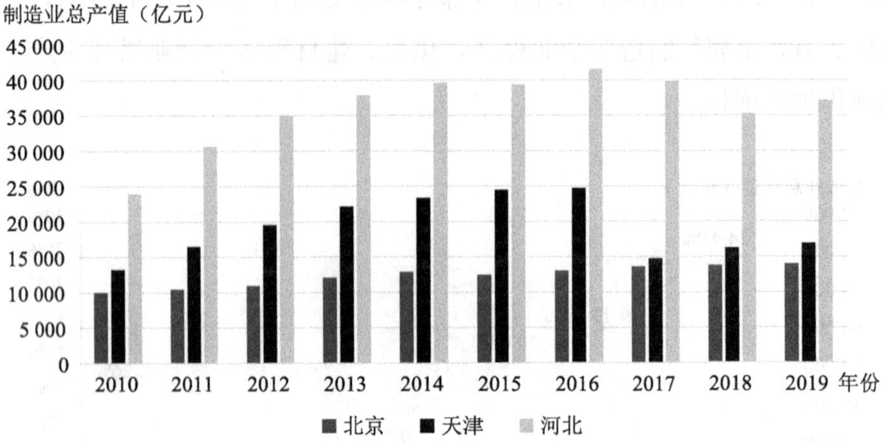

图 2-3　京津冀地区 2010—2019 年分省市制造业总产值

高能耗、高污染的产业占比较高，在停产整顿之后，天津制造业总产值骤降。但同时，天津制造业产业结构也在迅速调整，逐渐向高新技术产业和节能环保产业方向发展。

河北制造业总产值在 2010—2016 年间呈现增长的趋势，仅 6 年时间就实现了大于 17 000 亿元的增长。2017—2018 年河北制造业总产值连续下降，2017 年和 2018 年正是“停工令”整改的关键时期，河北制造业遭受重创，说明河北高能耗、高污染的产业比重较大，受“停工令”的影响严重。虽然供给侧结构改革和“停工令”对河北的制造业产业产生了一定程度的影响，但从整体上看，河北的第二产业仍占据较大比重。

2. 京津冀制造业行业发展差异

协同发展战略的落实，使得京、津、冀定位更加清晰明确，三省市制造业产业结构作出了相应的调整。为更好地分析京津冀制造业发展现状，本节选取 2019 年京津冀制造业相关数据进行量化分析。根据《国民经济行业分类标准》（GB/T 4754—2017），制造业行业分类标准如表 2-1 所示。

表 2-1　制造业行业分类标准

代码	行业名称	代码	行业名称
C13	农副食品加工业	C29	橡胶和塑料制品业
C14	食品制造业	C30	非金属矿物制品业
C15	酒、饮料和精制茶制造业	C31	黑色金属冶炼和压延加工业
C16	烟草制品业	C32	有色金属冶炼和压延加工业
C17	纺织业	C33	金属制品业
C18	纺织服装、服饰业	C34	通用设备制造业
C19	皮革、毛皮、羽毛及其制品和制鞋业	C35	专用设备制造业
C20	木材加工和木、竹、藤、棕、草制品业	C36	汽车制造业
C21	家具制造业	C37	铁路、船舶、航空航天和其他运输设备制造业
C22	造纸和纸制品业	C38	电气机械和器材制造业
C23	印刷和记录媒介复制业	C39	计算机、通信和其他电子设备制造业
C24	文教、工美、体育和娱乐用品制造业	C40	仪器仪表制造业
C25	石油、煤炭及其他燃料加工业	C41	其他制造业
C26	化学原料和化学制品制造业	C42	废弃资源综合利用业
C27	医药制造业	C43	金属制品、机械和设备修理业
C28	化学纤维制造业		

本节收集了 2019 年京津冀三省市制造业分行业的数据，并对这些分行业制造业总产值进行排名、汇总，如表 2-2 所示。数据源于《北京统计年鉴》(2020)、《天津统计年鉴》(2020)、《河北经济年鉴》(2020)。

表 2-2　京津冀 2019 年分省市分行业制造业总产值排名

排名/总产值/占比	北京（亿元）	天津（亿元）	河北（亿元）
位序 1	3 964.52（C36）	2 736.65（C31）	12 509.80（C31）
位序 2	2 600.52（C39）	2 564.33（C36）	2 665.00（C36）
位序 3	1 221.61（C27）	1 786.88（C39）	2 353.90（C25）
位序 4	788.96（C35）	1 192.85（C26）	2 191.40（C33）
位序 5	686.04（C38）	1 004.91（C38）	1 858.90（C26）
位序 6	579.76（C25）	990.72（C25）	1 539.30（C13）
位序 7	507.69（C34）	810.81（C33）	1 451.30（C30）
位序 8	482.10（C30）	719.49（C34）	1 432.80（C38）
位序 9	457.33（C37）	701.61（C32）	991.80（C19）
位序 10	318.20（C14）	643.36（C27）	975.70（C27）
前 5 总产值	9 261.65	9 285.61	21 579.00
前 10 总产值	11 606.72	13 151.61	27 969.90
总产值	13 997.35	16 928.45	37 131.50
前 5 占比	66.17%	54.85%	58.12%
前 10 占比	82.92%	77.69%	75.33%

表 2-2 可以看出，京津冀三地制造业产业结构相似性较高。石油、煤炭及其他燃料加工业（C25）、医药制造业（C27）、汽车制造业（C36）、电气机械和器材制造业（C38）在三个地区中均排名前 10 位。天津和河北在排名前 10 的行业中有 7 个行业是相同的。各个地区的优势产业有所差异。北京的主导产业是汽车制造业（C36）和计算机、通信和其他电子设备制造业（C39），天津和河北的主导产业是黑色金属冶炼和压延加工业（C31）、汽车制造业（C36）。天津和河北的制造业行业重叠度较高，优势产业相同，存在的竞争性也更大。从各自排名前 10 位的主导产业来看，主导产业大多是高附加值的制造业，这对制造业产业的整体发展及产业结构

的调整是极为有利的。

从分行业的产值占比来看，京津冀三个地区制造业产业的集聚效应是比较明显的，制造业产业共分为 31 个大类，其中制造业排名前 5 位的分行业总产值占比均超过了 50%，排名前 10 位的分行业总产值均超过了 75%，这表明京津冀三地的制造业均具有较高的集聚水平，且从行业分类来看主要体现在先进制造业。

第二节　京津冀制造业集聚与协同特征

一、京津冀制造业集聚效应

基于京津冀已呈现出一定的制造业集聚特征，本节将对京津冀制造业的集聚效应进行测度。区位熵指数被广泛用于衡量某一区域的产业集聚程度，本节选取区位熵指数来测度协同视角下京津冀地区制造业的集聚效应。

区位熵指数计算方法如下：

$$LQ_{ij}=\frac{q_{ij}}{\sum_{j=1}^{m}q_{ij}}\Bigg/\frac{\sum_{i=1}^{n}q_{ij}}{\sum_{i=1}^{n}\sum_{j=1}^{m}q_{ij}} \tag{2-1}$$

其中，i 代表地区，j 代表行业，q_{ij} 代表 i 地区 j 行业的总产值，m 是区域中 m 个地区，n 是产业个数。若 $LQ_{ij}>1$，则相对集聚；若 $LQ_{ij}=1$，则一般集聚；若 $LQ_{ij}<1$，则表示相对不集聚。

1. 京津冀制造业集聚效应

根据区位熵指数公式计算出京津冀地区分省市 2010—2019 年制造业的区位熵指数，如表 2-3 所示。数据源于《中国工业统计年鉴》（2011—2020）、《中国统计年鉴》（2011—2020）、《北京统计年鉴》（2011—2020）、《天津统计年鉴》（2011—2020）以及《河北经济年鉴》（2011—2020）。

表 2-3　京津冀地区 2010—2019 年份省市制造业区位熵指数

年份\地区及省市	京津冀	北京	天津	河北
2010	0.88	0.84	0.90	0.88
2011	0.88	0.83	0.91	0.89
2012	1.06	0.93	1.11	1.09
2013	1.08	0.93	1.12	1.10
2014	1.07	0.92	1.11	1.10
2015	1.11	0.94	1.17	1.13
2016	1.13	0.95	1.20	1.15
2017	1.04	0.94	0.92	1.14
2018	1.07	0.94	1.02	1.15
2019	1.07	0.91	1.03	1.16
均值	1.04	0.91	1.05	1.08

由表 2-3 可以看出，2010—2019 年间，京津冀地区制造业综合区位熵指数较高，其均值为 1.04，这表明京津冀制造业集聚效应整体上处于较高水平。从总体上看，京津冀制造业集聚效应呈现上升趋势，2019 年制造业综合区位熵指数为 1.07，较 2010 年提升了 21.59%。

从北京制造业区位熵指数来看，北京制造业集聚效应相对不明显，2010—2019 年的均值为 0.91，是一个相对不集聚的水平；而且 10 年间的制造业区位熵指数均小于 1，2019 年较 2010 年增长了 8.33%。从天津制造业区位熵指数来看，整体上差别不大，发展较稳定，均值达到 1.05，除 2010 年、2011 年和 2017 年外，制造业区位熵指数均大于 1，是集聚效应较高的表现，其 2019 年制造业区位熵指数为 1.03，较 2010 年上涨 14.44%。与天津相同，河北制造业集聚效应也处于一个较高的水平，均值为 1.08，除 2010 和 2011 年外，制造业区位熵指数均大于 1，且处于连年增长的趋势，其 2019 年制造业区位熵指数为 1.16，较 2010 年提升了 31.82%，涨幅较大。

2010—2019 年制造业区位熵指数走势，如图 2-4 所示。

从总体上看，除天津 2017 年出现较大的波动外，京津冀地区制造业集聚水平比较平稳。在 2010—2012 年增长较明显，此阶段，“京津冀一体化”

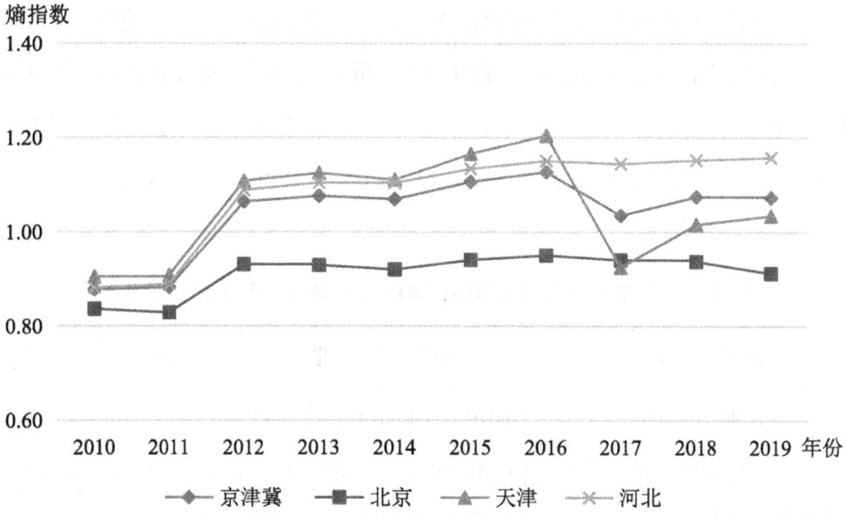

图 2-4　京津冀地区 2010—2019 年分省市制造业区位熵指数走势

发展正式写入规划，在国家层面得到了有利的政策支持，京津冀区域的产业结构有效调整，集聚水平得到明显的提升。

2. 京津冀制造业各行业集聚效应

对照国民经济行业分类，基于京津冀制造业的发展现状，本节将对京津冀主要的制造业行业进行集聚效应分析，行业类目如表 2-4 所示。由于《国民经济行业分类》在 2011 年进行了重新修订，因此本节使用交通运输设备制造业作为汽车制造业与铁路、船舶、航空航天和其他设备制造业的总称。

表 2-4　京津冀主要的制造业行业类目

代码	行业名称	代码	行业名称
C26	化学原料和化学制品制造业	C35	专用设备制造业
C27	医药制造业	C36	汽车制造业
C28	化学纤维制造业	C37	铁路、船舶、航空航天和其他运输设备制造业
C31	黑色金属冶炼和压延加工业	C38	电气机械和器材制造业
C32	有色金属冶炼和压延加工业	C39	计算机、通信和其他电子设备制造业
C34	通用设备制造业	C40	仪器仪表制造业

由于京津冀协同发展时间跨度较大，本节选取京津冀地区 2010 年和 2019 年的制造业数据，做区位熵指数分析。计算所需要的原始数据源于《中国工业统计年鉴》（2011 年、2020 年）、《北京统计年鉴》（2011 年、2020 年）、《天津统计年鉴》（2011 年、2020 年）和《河北经济年鉴》（2011 年、2020 年）。

表 2-5　京津冀地区 2010 年和 2019 年制造业分行业区位熵指数

地区及省市		京津冀		北京		天津		河北	
行业＼年份		2010	2019	2010	2019	2010	2019	2010	2019
C26	化学原料和化学制品制造业	0.61	0.58	0.58	0.35	1.11	1.38	1.13	1.10
C27	医药制造业	1.03	1.04	1.46	1.92	0.87	0.89	0.86	0.63
C28	化学纤维制造业	0.14	0.38	0.19	0.15	0.34	0.07	1.79	1.89
C31	黑色金属冶炼及压延加工业	2.50	3.18	0.16	0.02	0.76	0.64	1.55	1.64
C32	有色金属冶炼及压延加工业	0.34	0.33	0.35	0.22	1.70	2.12	0.87	0.78
C34	通用设备制造业	0.75	0.57	0.99	1.10	1.00	1.37	1.01	0.76
C35	专用设备制造业	0.86	0.75	1.28	1.42	0.97	0.91	0.89	0.85
C36	交通运输设备制造业	1.04	1.29	1.79	1.83	1.20	1.08	0.51	0.58
C38	电气机械和器材制造业	0.64	0.59	1.19	0.93	0.85	1.20	1.00	0.93
C39	计算机、通信和其他电子设备制造业	0.82	0.55	2.35	2.32	1.37	1.40	0.14	0.17
C40	仪器仪表制造业	0.75	0.73	2.25	2.19	1.12	0.67	0.34	0.62

整体来看，京津冀区域集聚效应较明显的 3 个行业分别是 C27、C31、C36，其中 C36 黑色金属冶炼及压延加工业区位熵指数达到 2.50，集聚效应明显，具有绝对优势。从区位熵指数的变化来看，C27、C28、C31、C36 这 4 个行业的区位熵指数有所提高，C36 区位熵指数变化最明显，由 2010 年的 2.50 提升到 2019 年的 3.18，集聚效应水平得到进一步提升。其余各行业的区位熵指数均有不同程度的降低，其中 C39 区位熵指数下降最多，由 2010 年的 0.82 下降到 2019 年的 0.55。

分地区来看，北京制造业集聚效应较明显的行业有 6 个，分别是 C27、

C34、C35、C36、C39、C40，其中 C39 和 C40 的区位熵指数均达到 2 以上，集聚效应明显，具有绝对优势。从区位熵指数的变化上来看，C27、C34、C35 和 C36 的集聚程度均有所提高，C38 的区位熵指数下降较大，由 2010 年的 1.19 下降到 2019 年的 0.93，集聚效应变得不明显。北京制造业的优势行业多为高精尖行业，这与北京的发展定位相符合，已经形成一批高新技术制造业集聚园区，吸引了更多以高新技术为主的制造业集聚发展。

天津集聚效应较为明显的行业有 C26、C32、C34、C36、C38、C39，区位熵指数均在 1 以上。从区位熵指数的变化上来看，C26、C27、C32、C34、C38、C39 的集聚程度均有所提高，集聚水平快速提升，其中 C32 由 2010 年的 1.70 提升至 2019 年的 2.12，区位熵指数变化最为明显。天津市的制造业优势行业中，金属加工和智能制造业占比较大。

河北集聚效应较为明显的行业有 C26、C28、C31，区位熵指数均大于 1，具有相对优势。从区位熵指数的变化上来看，C28、C31、C36、C39、C40 的区位熵指数有不同程度的提高，C40 提升最为明显，由 2010 年的 0.34 提升至 2019 年的 0.62。而 C34 和 C38 均由一般集聚转变为相对不集聚，其中 C34 下降最为明显，由 2010 年的 1.01 下降至 2019 年的 0.76。河北制造业优势行业多为金属冶炼加工及化学纤维制造业，相较于北京和天津，优势产业集聚较少。河北是人口大省，集聚的行业多为技术含量较低的劳动密集型行业；同时，河北矿产资源较为丰富，省内有 8 个大矿区，在矿产资源占据主导地位的化学制品和金属制造等行业中具有较为明显的集聚优势。近年来，河北政府出台了一系列政策促进先进制造业的发展，以清洁能源制造业为主，在省内已初步形成先进制造业集聚区。

京津冀制造业已经形成一定程度的先进制造业集聚。产业链逐步完善、资源配置逐渐优化、再生效率逐步提高使得产业的边际效益增加。雄安新区的设立有效疏解了北京非首都功能，在一定程度上带动了河北的产业经济发展，京津冀先进制造业的集聚发展和协同发展取得了一定的提升。从制造业的产值增速来看，天津和河北的制造业产值增速一直处于较高水平；

从先进制造业企业所占比重来看，天津远高于河北。河北地区的先进制造业主要分布在石油及化学制品等方面，来自于传统制造业的转型升级，并且在先进制造业中所占比例不断上升；天津则在交通及电子设备制造业方面的发展不断攀升。从 2019 年统计的数据中看出，京津冀地区产业结构不断优化，产业高端化趋势明显，先进制造业发展迅猛，京津冀地区的产业协同效果显著。从 2019 年发布的年度城市群报告来看，京津冀城市群位列第三。

二、京津冀制造业产业关联

产业关联理论认为，各个产业部门间存在相互关联又相互影响的关系，某一产业部门内部发生变化，将会通过这种关联关系影响到与其相关的产业部门，同一产业内部的细分行业间亦会如此。发展经济学家阿尔伯特·赫希曼将产业关联分为前向关联和后向关联，本将节采用赫希曼对产业关联的划分方式，对先进制造业各行业间的关联关系进行测度分析。基于《2017 年中国投入产出表》中制造业内部各行业间的数据，对内各行业的前向关联效应和后向关联效应进行测算。

1. 前向关联效应

前向关联是指能够为其他产业部门提供供给关系，即该产业的产品作为其他产业的原材料，反映的是在产业链中，该行业与其下游产业链中的行业之间的关系。前向关联关系通常采用直接分配系数 h［式（2-2）］和完全分配系数 G［式（2-3）］来表示，若该行业的分配系数大，则表示某一下游产业对该行业的需求大，发展该行业能够推动某一下游产业的发展。

$$h_{ij}=\frac{\sum_{j=1}^{n} x_{ij}}{Y_i} \quad (i=1,\ 2,\ \cdots,\ n) \tag{2-2}$$

$$G=(I-\boldsymbol{H})^{-1}-I \tag{2-3}$$

其中，x_{ij} 表示 j 产业对 i 产业部门产品的中间需求，$\sum_{j=1}^{n} x_{ij}$ 表示其他产业对 i 产业产品的中间需求总量，Y_i 表示第 i 产业的总产出，$\boldsymbol{H}$ 为直接分配系数矩阵。

2. 后向关联效应

后向关联是指需要从其他行业获取需求的关联关系，即该行业产品的生产依赖于其他行业产品的投入。反映的是在产业链中，该行业与其上游产业链中的行业之间的关系。后向关联效应通常采用直接消耗系数 a［式（2-4）］和完全消耗系数 B［式（2-5）］来表示，系数越大，则表示该行业对其他行业具有较强的依赖关系，对其他行业的拉动作用大，反之亦然。

$$a_{ij} = \frac{\sum_{i=1}^{n} x_{ij}}{Y_j} \quad (j=1,\ 2,\ \cdots,\ n) \tag{2-4}$$

$$B = (I - \mathbf{A})^{-1} - I \tag{2-5}$$

其中，x_{ij} 表示 i 产业对 j 产业部门产品的中间投入，$\sum_{i=1}^{n} x_{ij}$ 表示所有产业产品对第 j 产业的中间投入总量，Y_j 表示第 j 产业的总产出，$\mathbf{A}$ 为直接消耗系数矩阵。

对京津冀制造业行业间的前向关联系数测算，结果如表 2-6 所示。

表 2-6　京津冀制造业前向关联系数

行业部门	直接分配系数	完全分配系数	排序
化学产品	0.592 9	1.184 4	3
金属冶炼和压延加工品	1.100 2	2.168 6	1
通用设备	0.374 6	0.578 3	4
专用设备	0.212 7	0.318 6	8

（续表）

行业部门	直接分配系数	完全分配系数	排序
交通运输设备	0.325 5	0.479 9	6
电气机械和器材	0.342 0	0.538 8	5
通信设备、计算机和其他电子设备	0.677 4	1.427 5	2
仪器仪表	0.237 9	0.330 3	7
平均值	0.482 9	0.878 3	—
合计	3.863 3	7.024 6	—

从表 2-6 可以看出，京津冀制造业内部各行业间的前向关联系数整体偏小，在投入产出表中所展示的 8 个制造业行业中，只有 3 个行业的前向关联指数高于平均水平，这说明各行业的前向关联较弱，供给需求低。也就是说，在产业链中与上游产业的关联不密切，对产业链中其他行业的推动作用不明显。在京津冀制造业的前向关联系数表中，金属冶炼和压延加工品的前向关联系数最大，说明该行业对上游行业产品的需求大，能够拉动上游行业产品的生产。此外，化学产品及通信设备、计算机和其他电子设备也表现出较强的前向关联性，说明这两个产业是京津冀制造业体系中重要的中间需求部门。

前向关联的分配系数位序相同，且直接分配系数大于间接分配系数，这说明京津冀制造业具有较明显的直接推动作用，其中完全分配系数总和达到 7.024 6，是一个较高的水平。

对京津冀制造业行业间的后向关联系数测算，结果如表 2-7 所示。

表 2-7　京津冀制造业后向关联系数

行业部门	直接消耗系数	完全消耗系数	排序
化学产品	0.398 2	0.656 0	3
金属冶炼和压延加工品	0.361 0	0.557 5	6
通用设备	0.361 2	0.561 2	5

（续表）

行业部门	直接消耗系数	完全消耗系数	排序
专用设备	0.288 4	0.445 7	7
交通运输设备	0.867 2	1.718 5	1
电气机械和器材	0.361 5	0.588 3	4
通信设备、计算机和其他电子设备	0.661 7	1.412 8	2
仪器仪表	0.236 9	0.333 4	8
平均值	0.442 0	0.784 2	—
合计	3.536 0	6.273 4	—

从表 2-7 可以看出，制造业内部各行业间的后向关联系数整体偏小，在投入产出表中所展示的 8 个制造业行业中，仅有 2 个行业的后向关联指数高于平均水平，行业的发展需要消耗大量其他制造业行业的产品。京津冀制造业各行业的后向关联发展不平衡，中间投入高低不一，在产业链中对下游产品生产的贡献也参差不齐。

后向关联消耗系数位序相同，且直接消耗大于间接消耗，制造业通过中间媒介间接消耗的较少。其中，完全消耗系数总和达到 6.273 4，各行业间具有较强的依存关系，但由于高于平均水平的行业只有 2 个，所以主要是依靠消耗指数高的行业来对其他行业产生较大的拉动作用，从而带动相关产业的发展。

通过对制造业关联效应研究发现，京津冀制造业基础较强，制造业内各行业间的依存关系较强。

三、京津冀制造业产业结构相似性

为了更好的对京津冀制造业相似性进行分析，本节选取改进的产业结构相似指数进行量化分析，与传统的测算方法相比，改进的分析方法不仅能够测算两个地区的产业结构相似性，也能够测算多地区的产业结构相似性。

产业结构相似指数测算公式：

$$Fissice_{mn} = 1 - \frac{1}{2(m-1)} \sum_{i=1}^{m} \sum_{j=1}^{n} \mid s_{ij} - \bar{s}_j \mid \tag{2-6}$$

其中，S_{ij} 为 i 地区中 j 行业产值所占比重，m 是区域中 m 个地区，n 是产业个数，$\bar{s}_j = (s_{1j} + s_{2j} + \cdots + s_{mj})/m$。

$Fissice_{mn}$ 取值范围为［0，1］。当结果越靠近 1 时，说明区域间的产业结构相似性越大；越靠近 0 时，区域间的产业结构相似性越小。

本节选取 2010—2019 年制造业的相关数据进行结构相似指数的计算，计算所需要的原始数据源于《中国工业统计年鉴》（2011—2020）、《北京统计年鉴》（2011—2020）、《天津统计年鉴》（2011—2020）以及《河北经济年鉴》（2011—2020）。

当研究两两地区的制造业结构相似性时，将 $m = 2$ 代入公式（2-6），计算 2010—2019 年产业结构相似指数，结果如图 2-5 所示。

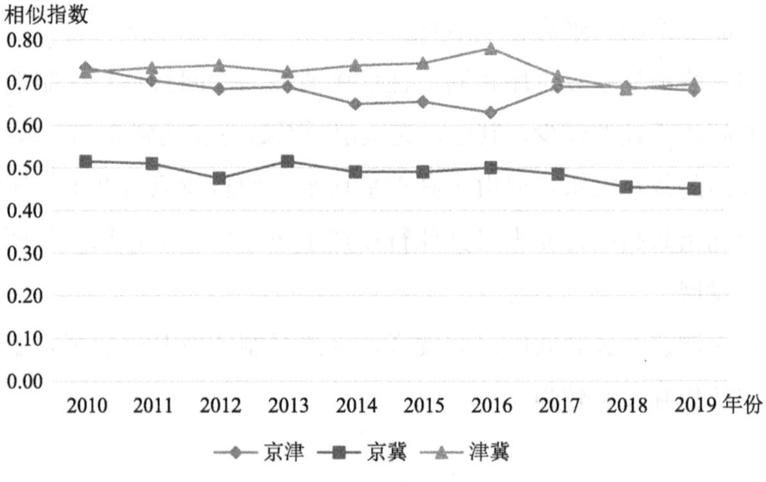

图 2-5　2010—2019 年京津冀两两地区结构相似指数趋势

在 2010—2019 年间，京津、京冀与津冀制造业结构相似指数均小于 0.90，且京冀制造业结构相似指数始终低于京津和津冀地区，同时京冀地区的制造业同构现象也不明显。京冀地区的制造业结构相似指数曲线一直都是最低的，这与北京市和河北省的发展差距有关。北京市是首都城市，拥有着更优质的资源，且经济发展较快，河北省的制造业多为老旧传统产业，与北京市的制造业发展有较大差距。京冀制造业结构相似指数远远低于另外两条结构相似指数曲线。

京津两地制造业结构相似指数曲线呈现先下降后上升的趋势，但总体上呈下降的态势。京津冀协同发展逐步上升为国家战略，北京市主动寻求合作，积极疏解北京市非首都功能。北京市和天津市两个直辖市在发展先进制造业的过程中难免会出现产业重合，但总体上来看京津制造业结构相似性是有所降低的。京津冀协同发展的政策落实及推进，对京津两地制造业同构现象有所疏解。

从津冀两地制造业结构相似指数曲线来看，津冀制造业结构相似指数曲线呈先上升后下降的趋势。在 2016 年后，津冀两地制造业结构相似指数呈下降趋势且下降速度较快，此阶段，京津冀协同发展被正式纳入规划中，明确了京津冀地区未来的发展目标，给津冀制造业结构优化明确了方向，政策落实加速，且效果明显。

当研究京津冀三个地区的制造业结构相似性时，将 $m=3$ 代入公式(2-6)，计算 2010—2019 年产业结构相似指数，结果如图 2-6 所示。

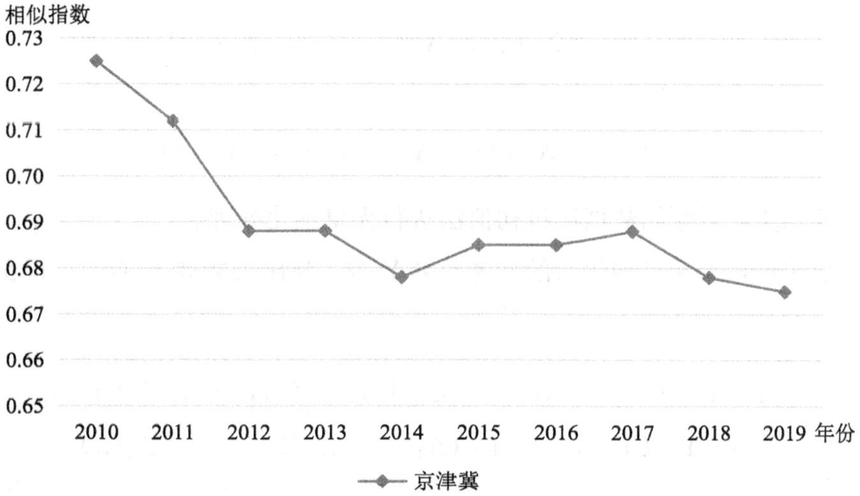

图 2-6　京津冀三地产业结构相似指数趋势

从京津冀三地制造业的产业结构相似指数曲线来看，2010—2019 年京津冀的制造业结构相似指数总体上是下降的趋势的，且下降幅度较大，由 2010 年的 0.73 下降到 2019 年的 0.675。

四、京津冀制造业的协同效应

协同理论认为：区域产业结构的各个子系统间的协同作用能够推动产业结构由无序转向有序，从而促进整个系统的高度协同。灰色关联度是通常以数值的大小来表示系统内各要素间的关联程度，也被称为协同度，如若要素间的变化程度基本一致，则协同度较大，反之则反。本节选取灰色关联度对京津冀制造业的协同发展状况进行测度。

灰色关联分析的一般步骤如下。

第一步，确定原始数据参考数列和比较数列。

原始数据参考数列：

$$X_0(k)=\{X_0(1),\ X_0(2),\ \cdots,\ X_0(n)\}。$$

m 个比较数列：

$$X_1(k)=\{X_1(1),\ X_1(2),\ \cdots,\ X_1(n)\},$$
$$X_2(k)=\{X_2(1),\ X_2(2),\ \cdots,\ X_2(n)\},$$
$$\cdots\cdots$$
$$X_m(k)=\{X_m(1),\ X_m(2),\ \cdots,\ X_m(n)\}。$$

第二步，对原始数据通过初值法进行无量纲化处理。

第三步，求无量纲化后的参考数列 $Y_0(k)$ 与比较数列 $Y_m(k)$ 之间的差列 Δ_n。

$$\Delta_1=|Y_0(k)-Y_1(k)|=(\Delta_1(1),\ \Delta_1(2),\ \cdots,\ \Delta_1(n)),$$
$$\Delta_2=|Y_0(k)-Y_2(k)|=(\Delta_2(1),\ \Delta_2(2),\ \cdots,\ \Delta_2(n)),$$
$$\cdots\cdots$$
$$\Delta_n=|Y_0(k)-Y_n(k)|=(\Delta_n(1),\ \Delta_n(2),\ \cdots,\ \Delta_n(n))。$$

第四步，分别求两个层次的最大值和最小值。

第五步，代入公式求关联系数：

$$r(x_0(k),\ x_i(k)) = \frac{\min\limits_i \min\limits_k |x_0(k)-x_i(k)| + \max\limits_i \max\limits_k |x_0(k)-x_i(k)|}{|x_0(k)-x_i(k)| + \max\limits_i \max\limits_k |x_0(k)-x_i(k)|} \in (0,\ 1) \tag{2-7}$$

第六步，求关联度：

$$r(X_0,\ X_1) = \frac{1}{n}\sum_{t=1}^{n} r(x_i(k),\ x_i(k)) \tag{2-8}$$

其中，r 为参考数列和比较数列的关联度，t 为比较数列的长度。

本节选取协同发展遵循的五大发展理念的创新发展、产业协调、能源消耗、对外开放程度以及主营业务收入方面的相关指标作为相关序量指标，根据灰色关联分析的相关步骤计算出京津冀地区 2010—2019 年制造业的灰色关联度，以此为数据基础来分析京津冀制造业的协同效应，同时将其协同程度划分为低度、中度和高度三个等级，如表 2-8 所示。

表 2-8　协同程度等级表

关联度	协同程度
0～0.5	低度协同
0.5～0.7	中度协同
0.7～1	高度协同

计算所需数据源于《中国工业统计年鉴》(2011—2020)、《中国统计年鉴》(2011—2020)、《北京统计年鉴》(2011—2020)、《天津统计年鉴》(2011—2020) 以及《河北经济年鉴》(2011—2020)。

1. 北京制造业的协同效应

根据灰色关联分析的相关步骤及北京市制造业的相关数据，计算结果如表 2-9、表 2-10、表 2-11 所示。

表 2-9 北京制造业的相关序量指标

年份	R&D经费支出	第二、三产业协调度	能源消耗量	对外贸易额	主营业务收入	生产总值
2010	0.337 5	0.481 4	0.046 2	0.661 0	0.491 9	0.224 2
2011	0.304 2	0.485 0	0.040 0	0.679 1	0.479 2	0.193 0
2012	0.309 2	0.481 6	0.041 2	0.677 4	0.473 6	0.184 5
2013	0.299 2	0.479 1	0.039 4	0.666 8	0.468 5	0.191 2
2014	0.308 8	0.473 1	0.035 0	0.648 7	0.470 0	0.198 2
2015	0.283 6	0.463 1	0.027 5	0.616 4	0.463 2	0.196 8
2016	0.297 6	0.450 2	0.027 7	0.604 6	0.491 4	0.203 8
2017	0.316 2	0.440 4	0.026 8	0.604 9	0.490 9	0.238 2
2018	0.300 7	0.435 9	0.027 4	0.629 3	0.497 6	0.235 7
2019	0.258 6	0.421 1	0.027 4	0.561 0	0.498 8	0.233 2

表 2-10 北京制造业相关序量指标初值化变换结果

年份	R&D经费支出	第二、三产业协调度	能源消耗量	对外贸易额	主营业务收入	生产总值
2010	1.000 0	1.000 0	1.000 0	1.000 0	1.000 0	1.000 0
2011	0.901 2	1.007 5	0.866 2	1.027 3	0.974 1	0.861 0
2012	0.916 3	1.000 4	0.890 9	1.024 8	0.962 8	0.823 0
2013	0.886 5	0.995 3	0.852 0	1.008 7	0.952 5	0.853 0
2014	0.915 0	0.982 7	0.758 5	0.981 4	0.955 5	0.883 9
2015	0.840 3	0.962 0	0.595 6	0.932 5	0.941 8	0.877 8
2016	0.881 8	0.935 2	0.599 2	0.914 6	0.999 1	0.909 0
2017	0.936 9	0.914 8	0.579 6	0.915 2	0.998 1	1.062 6
2018	0.891 1	0.905 4	0.592 7	0.952 1	1.011 7	1.051 2
2019	0.766 3	0.874 7	0.592 7	0.848 6	1.014 2	1.040 1

表 2-11 北京制造业相关序量指标的灰色关联度

关联矩阵	R&D经费支出	第二、三产业协调度	能源消耗量	对外贸易额	主营业务收入
生产总值	0.774 3	0.696 8	0.728 9	0.717 5	0.816 1

2010—2019 年北京制造业生产总值所占比重出现先降低再增长的情

况；创新研发经费支出在 2010—2018 年基本持平，2019 年出现较大幅度的下降；对外贸易额呈现与创新研发投入相同的趋势；第二、三产业协调度与能源消耗量均有所减少，节能减排取得了较好的成效；创新研发支出经费、能源消耗量、对外贸易额和主营业务收入均呈现高度协同状态。

2. 天津制造业的协同效应

根据灰色关联分析的相关步骤及天津市制造业的相关数据，计算结果如表 2-12、表 2-13、表 2-14 所示。

表 2-12　天津制造业的相关序量指标

年份	R&D 经费支出	第二、三产业协调度	能源消耗量	对外贸易额	主营业务收入	生产总值
2010	0.480 6	0.294 9	0.168 6	0.275 2	0.349 7	0.297 0
2011	0.514 3	0.294 5	0.138 3	0.259 0	0.356 0	0.301 7
2012	0.496 4	0.296 0	0.140 9	0.266 1	0.358 7	0.322 3
2013	0.487 0	0.299 7	0.144 9	0.273 8	0.369 1	0.328 3
2014	0.462 6	0.300 8	0.151 7	0.283 5	0.371 4	0.330 9
2015	0.481 0	0.303 2	0.153 9	0.306 9	0.385 2	0.339 6
2016	0.442 0	0.316 7	0.107 0	0.315 5	0.364 5	0.324 0
2017	0.368 5	0.317 9	0.131 7	0.318 4	0.361 6	0.234 5
2018	0.363 7	0.315 5	0.139 1	0.301 4	0.315 3	0.261 7
2019	0.412 9	0.320 2	0.139 1	0.360 3	0.312 2	0.264 6

表 2-13　天津制造业相关序量指标初值化变换结果

年份	R&D 经费支出	第二、三产业协调度	能源消耗量	对外贸易额	主营业务收入	生产总值
2010	1.000 0	1.000 0	1.000 0	1.000 0	1.000 0	1.000 0
2011	1.070 2	0.998 6	0.820 6	0.941 1	1.018 0	1.015 9
2012	1.032 9	1.003 8	0.836 1	0.967 1	1.025 6	1.085 0
2013	1.013 4	1.016 3	0.859 7	0.995 0	1.055 4	1.105 2
2014	0.962 5	1.020 2	0.900 2	1.030 2	1.062 0	1.114 2

（续表）

年份	R&D经费支出	第二、三产业协调度	能源消耗量	对外贸易额	主营业务收入	生产总值
2015	1.000 9	1.028 3	0.912 7	1.115 1	1.101 5	1.143 5
2016	0.919 7	1.074 0	0.634 8	1.146 3	1.042 4	1.091 0
2017	0.766 8	1.078 1	0.781 0	1.157 0	1.034 1	0.789 6
2018	0.756 7	1.070 0	0.825 1	1.095 2	0.901 5	0.881 3
2019	0.859 2	1.086 0	0.825 1	1.309 1	0.892 8	0.891 0

表 2-14　天津制造业相关序量指标的灰色关联度

关联矩阵	R&D经费支出	第二、三产业协调度	能源消耗量	对外贸易额	主营业务收入
生产总值	0.811 6	0.763 1	0.731 9	0.832 2	0.764 9

2010—2019 年天津制造业生产总值所占比重出现先增长再降低的情况，R&D经费支出在 2011—2018 年逐年较少，第二、三产业协调度总体上呈缓慢增长趋势，但增长幅度不大；2010—2016 年能源消耗量逐年降低，节能减排取得了良好的成效，但在 2017—2019 年出现了轻微反弹；对外贸易额呈逐年增长趋势，主营业务收入呈现出先增加后减少的现象。创新研发支出经费、第二、三产业协调度、能源消耗量、对外贸易额和主营业务收入均呈现高度协同状态。

3. 河北制造业的协同效应

根据灰色关联分析的相关步骤及河北省制造业的相关数据，计算结果如表 2-15、表 2-16、表 2-17 所示。

表 2-15　河北制造业的相关序量指标

年份	R&D经费支出	第二、三产业协调度	能源消耗量	对外贸易额	主营业务收入	生产总值
2010	0.181 9	0.223 7	0.785 2	0.063 8	0.158 4	0.478 8
2011	0.181 5	0.220 5	0.821 6	0.061 9	0.164 8	0.505 2

（续表）

年份	R&D经费支出	第二、三产业协调度	能源消耗量	对外贸易额	主营业务收入	生产总值
2012	0.194 4	0.222 4	0.817 9	0.056 5	0.167 7	0.493 2
2013	0.213 8	0.221 2	0.815 7	0.059 4	0.162 4	0.480 5
2014	0.228 6	0.226 1	0.813 2	0.067 8	0.158 6	0.470 9
2015	0.235 4	0.233 7	0.818 6	0.076 8	0.151 6	0.463 6
2016	0.260 4	0.233 1	0.865 3	0.080 0	0.144 0	0.472 2
2017	0.315 3	0.241 7	0.841 6	0.076 7	0.147 5	0.527 3
2018	0.335 6	0.248 6	0.833 5	0.069 2	0.187 1	0.502 6
2019	0.328 4	0.258 7	0.833 5	0.078 8	0.189 0	0.502 2

表 2-16　河北制造业相关序量指标初值化变换结果

年份	R&D经费支出	第二、三产业协调度	能源消耗量	对外贸易额	主营业务收入	生产总值
2010	1.000 0	1.000 0	1.000 0	1.000 0	1.000 0	1.000 0
2011	0.997 8	0.985 7	1.046 4	0.971 3	1.040 5	1.055 2
2012	1.068 6	0.994 2	1.041 6	0.885 4	1.058 8	1.030 2
2013	1.175 2	0.988 7	1.038 8	0.931 7	1.025 2	1.003 6
2014	1.256 7	1.010 7	1.035 6	1.062 8	1.001 4	0.983 5
2015	1.293 9	1.044 5	1.042 5	1.203 5	0.956 9	0.968 2
2016	1.431 5	1.041 8	1.102 0	1.254 4	0.909 2	0.986 2
2017	1.733 0	1.080 4	1.071 8	1.202 1	0.930 8	1.101 2
2018	1.844 7	1.111 3	1.061 5	1.085 8	1.181 0	1.049 7
2019	1.805 3	1.156 4	1.061 5	1.235 4	1.192 7	1.048 8

表 2-17　河北制造业相关序量指标的灰色关联度

关联矩阵	R&D经费支出	第二、三产业协调度	能源消耗量	对外贸易额	主营业务收入
生产总值	0.773 3	0.771 0	0.831 8	0.757 7	0.734 8

由表 2-15 和表 2-16 可以看出，2010—2019 年河北省制造业生产总值

所占比重呈现增长降低反复出现的情况；创新研发经费支出和第二、三产业协调度均呈现逐年增长的趋势；而能源消耗量一直占据较大的比重，发挥出显著的效果；其对外贸易额和主营业务收入总体上呈现上升的趋势，但上升幅度不大。创新研发支出经费、第二、三产业协调度、能源消耗量、对外贸易额和主营业务收入均呈现高度协同状态，其中能源消耗量的关联度最高，为 0.831 8，改善能源消耗量能够显著促进河北省制造业的协同发展。

4. 京津冀区域制造业的协同效应

根据京津冀分地区灰色关联分析的相关指标及整体数据对京津冀制造业的灰色关联度计算结果如表 2-18、表 2-19、表 2-20 所示。

表 2-18　京津冀分地区制造业相关序量指标的灰色关联度

地区	关联矩阵	R&D 经费支出	第二、三产业协调度	能源消耗量	对外贸易额	主营业务收入
北京	生产总值	0.774 3	0.696 8	0.728 9	0.717 5	0.816 1
天津	生产总值	0.811 6	0.763 1	0.731 9	0.832 2	0.764 9
河北	生产总值	0.773 3	0.771 0	0.831 8	0.757 7	0.734 8

由表 2-18 可以看出，京津冀制造业生产总值与创新研发经费支出的关联程度是最大的，即创新研发经费投入的多少在很大程度上影响到制造业的生产总值。在产业协调方面，河北省的关联度更大。从能源消耗量来看，河北省的关联度较大，这表明河北省制造业的发展受能源资源牵制较大。

表 2-19　京津冀制造业相关序量指标的灰色关联度

关联矩阵	R&D 经费支出	第二、三产业协调度	能源消耗量	对外贸易额	主营业务收入
生产总值	0.854 4	0.884 9	0.847 7	0.881 0	0.941 6

由表 2-18 与表 2-19 的对比可以发现，创新研发经费支出、第二三产业协调度、能源消耗量、对外贸易额和主营业务收入均呈现高度协同状态，整体关联度明显高于三个地区的两两关联度。

表 2-20　京津冀不同省市间的灰色关联度

地区	北京	天津	河北
北京	1	—	—
天津	0.656 2	1	—
河北	0.681 1	0.753 6	1

由表 2-20 可以看出，京津冀三省市间的关联度均保持在 0.65 以上，天津市和河北省的灰色关联度为 0.753 6，北京与天津、北京与河北的灰色关联度在 0.67 左右，属于中度协同状态，均与实际的协同发展进程相符合。从总体上看，京津冀三省市间的协同发展处于中、高度水平，在全国区域协调发展中位居前列。

五、京津冀制造业的发展特征

京津冀“一核、双城、三轴、四区”的局面正逐渐形成，协同发展战略的实施取得一定成效。从关联效应来看，京津冀制造业的前向关联较弱，供给需求低；通过后向关联性效应分析，京津冀制造业内各行业间的依存关系较强，拉动作用较大，通过直接消耗的关系能够充分全面地带动相关产业的发展。京津冀制造业结构相似指数总体上呈现下降趋势，京冀地区制造业同构现象较不明显。

从集聚效应来看，京津冀地区制造业集聚效应整体上处于一个较高的水平。其中，北京市制造业集聚效应较不明显，天津市和河北省制造业集聚效应相对较高。京津冀制造业集聚效应较明显的行业有医药制药业、黑色金属冶炼及压延加工业和交通运输设备制造业。北京市制造业中集聚效应较明显的行业为计算机、电子设备制造业及仪器仪表制造业，天津市为智能制造业，河北省为化学制品和金属加工业。北京市、天津市和河北省均形成了一定规模的制造业集聚园区。协同发展政策的加速落实及区域发展定位的明确，有效促进了京津冀制造业的协同发展。

第三节　京津冀制造业发展的对策建议

1. 加强创新领域发展

加强技术创新投入，适度均衡京津冀地区的科技创新资源。在科学研究、技术创新领域，京津冀三地发展的梯度和层次非常明显，这也决定了其合作的难度和巨大的潜力。将部分科研机构向津、冀地区转移，有利于首都功能的疏解和升级，也有利于推动京津冀地区的整体协同发展。尤其河北亟待加快传统制造业的转型升级，积极引导先进技术、高新企业“落户”河北。

营造开放、公平的创新创业环境。强化科技创新对新兴产业的催化功能，发挥北京科技创新中心优势，在京津冀地区建立国家重点实验室和研发平台，聚焦高端装备制造业产业链的关键环节，引育一批国际领先的科研团队和核心企业，建设京津冀共性技术研发平台，推动高端产业集聚发展。鼓励企业从事研发活动，加对大高精尖企业研究与试验发展经费扶持和税收优惠力度。

2. 促进产业协调发展

联手打造世界级先进制造业集群。聚焦新一代信息技术、生物医药、高端装备、汽车等优势产业，打造世界级制造业集群。坚持北京“高端化、服务化、集聚化、融合化、低碳化”的高端制造业发展路径；发挥天津作为全国先进制造业基地和金融试点地区的优势；结合雄安新区承接北京非首都功能疏解的配套支持功能，以及石家庄作为河北省会城市的带动辐射作用；发挥各地的比较优势、创造性与积极性，加强城市合作、产业分工与政策协调，完善协调沟通机制，构建跨区域成果转化体系，建设京津冀先进制造业集群。

形成梯度有序、布局合理的区域结构。进一步推动北京高端制造业发展，北京发展高端制造业的独特优势在于，高校与科研机构集中、央企聚集，企业研发优势无可比拟，军民融合条件也最好。北京制造业专业化优势呈增强态势，优势行业数量显著增加，北京装备与高技术制造行业的比较优势持续增强；随着非首都核心功能疏解，都市型制造业效率也在不断提升。京津冀制造业区域内部发展尚不均衡，三地间经济差距需进一步平衡。天津仍需推进新一代人工智能、生物医药、新能源、新材料、航空航天、机器人、新能源汽车、集成电路等新兴产业的发展，培育新的经济增长点。河北在装备和高技术制造业行业相对缺乏比较优势，且优势行业逐年减少，与北京的产业梯度差距呈现加大趋势；保定、廊坊、唐山等都是发展水平相近的城市，也具备承接首都产业转移的条件。加快形成京津冀城市群的核心区域，有助于建设规模适度、梯度有序、分工明确、布局合理的区域结构。

加快制造业数字化转型。目前，京津冀工业互联网协同发展已经取得一定成效，培育了一批工业互联网领军企业和优秀服务商，初步形成工业互联网协同发展产业生态。围绕培育京津冀先进制造业产业集群的目标，聚焦三地优势产业龙头布局，在基础设施联通、科技创新攻关、融合应用提升、产业生态营造等方面开展先行先试，进一步加快京津冀区域工业互联网协同创新，推动新一代信息技术与制造业深度融合。

提升要素配置能力和效率。依托京津冀地区资源要素，打造区域性产业链集群，以科技创新引领产业转型升级，推进区域经济高质量发展。强化京津冀产业配套能力，针对京津冀主导产业及上下游产业链配套，加快区域科技服务体系建设，促进第二产业和第三产业联动发展；尤其需要加快提升河北省产业配套能力和资源配置效率，缩小其与京、津两地服务水平的差距。京津冀地区仍需加强“一盘棋”思维，以“差异化”的路径，打造“优势互补、互利共赢”的产业协同发展格局。

3. 实现绿色转型发展

形成绿色发展的长效机制。推动制造业绿色发展，需要京津冀协同发力，加大产业协同力度，减少污染排放，实现绿色转型。严格落实产业低碳环保要求，针对不同企业给予不同激励和引导措施，通过激励机制和倒逼机制有序推进京津产业转移；严控以传统钢铁和传统建材为典型代表的“两高”行业新增产能，持续化解和淘汰过剩与落后产能；在京津冀协同发展的初期，京、津资源消耗型企业，如化工、钢铁、纺织、设备制造等传统制造业向河北疏解，使得河北省制造业绿色转型压力较大。京津冀区域生态协同的绿色工业体系亟待在全域范围内的长效推进。

重视市场机制作用。充分考虑企业市场寻求型和降低成本型的转移升级动机，加快市场化体制改革，提高市场开放程度，增强企业转移升级意愿，加快区域间资本、生产要素的流动，从而提升区域产业整体竞争力。完善推进区域绿色低碳工业体系构建的政策规定。充分发挥可再生能源资源禀赋优势，加快推动可再生能源技术研发及其关联产业转型升级。

探索京津冀绿色发展新模式。加快解决工业产业结构偏重、能源结构偏化石燃料、交通运输结构偏公路等问题；加大财政补贴力度，在全国范围打造节能减排样板区域；探寻京津冀生态文明协同建设实现路径和保障机制，搭建协调统筹京津冀在绿色产业、绿色能源、绿色消费、生态技术等绿色转型中的融合发展平台，构建京津冀资源综合利用和产业协同发展的新模式。

4. 促进资源合作共享

促进创新人才的合理流动。推动人才政策相互衔接；建立专业技术人才职称、资格互认机制；推进高层次人才信息资源共享，联合建立“两院院士”“特贴专家”“特支计划”、高端外国专家、全国技术能手等涵盖各层次的人才信息库；促进高层次、高技能人才的快速流动；降低要素流动成本，提升京津冀地区人才、技术资源利用率，促进各类要素合理流动和高效集聚。

北京和天津高校众多，具有先天的人才优势。但河北人才政策实施效果较差，高等层次人才稀缺，加上与北京、天津地理位置相近，人才流失现象严重。除加大人才引进力度之外，河北可通过加强产学研合作的方式、柔性吸引高层次人才，如：通过与北京、天津的高校与科研院所建立长期合作机制，共同开展科技创新与技术开发；建立京津冀创新联盟、科技合作和技术转让平台等。此外，加快京津冀三地人才一体化步伐，为促进高层次人才在三地的合理流动提供政策支持。

创新京津冀利益共享机制。探索适应京、津、冀三地产业园区不同需求的利益共享机制，细化财税分配方案，创新分配制度、调动多方参与主体的积极性。坚持分类对接、引导产业转移，建立健全园区长效合作机制；加快推进跨区域资质互认，消除企业认证标准壁垒。

第三章

长三角制造业发展特征与升级路径

第一节　长三角制造业集聚效应

测量产业集聚度主要有 *E-G* 指数、空间基尼系数以及区位熵等测度方法。区位熵作为产业集聚的衡量指标，数据获取度较高、应用广泛。区位熵能够反映地区要素在地理空间上的分布情况，呈现出该地区要素部门的专业化程度，以及要素部门在该地区的地位和重要性，因此又称为地区专业化指数。

本节将采用区位熵来测算长三角制造业的集聚水平。区位熵一般由地区内某产业的总产值、从业人员数和主营业务收入等指标来进行测算，具体的计算公式如下：

$$LQ_{ij}=\frac{\frac{x_{ij}}{x_j}}{\frac{X_i}{X}} \tag{3-1}$$

其中，LQ_{ij} 代表的是地区 j 中 i 产业在全国或区域内的区位熵，x_{ij} 代表的是地区 j 中产业 i 的的总产值，x_j 代表的是地区 j 内所有产业的总产值。X_i 代表的是全国范围内或该地区内 i 产业的总产值，X 代表的是全国或区域范围内所有产业的总产值量。

若 LQ_{ij} 大于 1，则存在集聚效应，LQ_{ij} 的数值越大，表明该地区产业集聚程度越高，若 LQ_{ij} 小于 1，则表示该地区 i 产业的集聚程度较低，可能不存在集聚情况，若 LQ_{ij} 等于 1，则表示地区 j 中 i 产业的集聚水平与全国或区域内平均水平相当。

测算结果如表 3-1 所示。从整体上看，长三角地区制造业整体集聚倾向明显，除江苏外，其他省市区位熵皆大于 1，制造业集聚程度较高。

长三角三省一市的制造业集聚水平整体呈现较为稳定的趋势。上海的制造业集聚水平在 2016 年达到最高，为 1.77，而后 3 年集聚水平明显下降，2019 年为 1.426。浙江同样于 2016 年制造业集聚水平达到最高为 1.81，而后也出现下降趋势。安徽的制造业集聚水平处于逐年上升趋势，2019 年为长三角区域中集聚水平最高的 1.82。江苏制造业集聚水平逐年缓慢上升，2019 年区位熵为 0.44，集聚程度较低且不明显。

表 3-1　长三角三省一市的区位熵

年份＼长三角省市	上海	江苏	浙江	安徽
2009	1.581 116	0.366 513	1.574 216	1.639 053
2010	1.621 771	0.347 718	1.607 097	1.519 308
2011	1.664 135	0.357 458	1.667 715	1.357 591
2012	1.706 045	0.351 354	1.707 623	1.445 626
2013	1.745 75	0.346 425	1.753 239	1.452 585
2014	1.767 174	0.343 641	1.765 544	1.440 194
2015	1.756 484	0.352 974	1.791 351	1.476 016
2016	1.771 756	0.356 836	1.815 708	1.451 503
2017	1.455 681	0.418 338	1.464 551	1.798 623
2018	1.449 09	0.440 781	1.441 755	1.708 902
2019	1.426 809	0.443 555	1.382 532	1.825 927

总体来看，2009—2019 年长三角三省一市制造业呈现集聚倾向，但存在区域发展不平衡的情况。上海区位熵逐渐降低，产业发展重心出现转移；安徽承接制造业转移，区位熵逐年上升；江苏产业集聚不太明显。

第二节 长三角制造业绿色发展特征

一、长三角制造业绿色发展效率分析

“十四五”时期，是国内应对气候变化、实现碳达峰目标的关键期和窗口期，也是工业实现绿色低碳转型的关键五年。2021 年 9 月 1 日，国家生态环境部印发《关于推进国家生态工业示范区碳达峰碳中和相关工作的通知》，为各地方“双碳”工作方案和实施路径提供了指导意见。

根据工信部发布的《中国工业绿色发展报告（2017）》，长三角地区工业绿色发展水平相对很高，各项指标处于全国前列。从长三角一体化发展上升为国家战略以来，长三角社会经济进入一体化的高质量发展阶段，其重要任务之一，就是探索出一条生态文明和经济社会发展建设相得益彰的新型发展道路。整体来看，在具体推进“双碳”目标的过程中，长三角地区的城市面临着诸多难题。为确保如期实现“碳达峰”“碳中和”目标，上海市经信委制定了《上海市产业绿色发展“十四五”规划》。“十四五”期间，上海市产业将实现能源效率稳步提升、碳排放强度持续下降、产业绿色发展能级提升、污染物排放强度持续下降、工业资源利用水平全国领先等五大发展目标。瞄准“双碳”目标，长三角一体化示范区将“碳中和”“碳达峰”新增进入制度创新重点领域，着力提升区域发展的“绿值”。

本节选取 2009—2019 年长三角区域三省一市 11 年的面板数据测算工业绿色发展效率，构建长三角制造业绿色发展指标体系，结合长三角地区制造业发展特点，选取以下指标构建长三角工业绿色发展效率测算指标体系。

表 3-2 长三角工业绿色发展效率指标体系

一级指标	二级指标	三级指标
投入指标	劳动力投入	第二产业从业人员员数/万人
	资本投入	工业固定资产总值/亿元
	能源投入	工业能源消耗总量/万吨

（续表）

一级指标	二级指标	三级指标
产出指标	期望产出	工业生产总值/亿元
	非期望产出	环境污染综合指数

数据主要源于《上海市统计年鉴》《浙江省统计年鉴》《江苏省统计年鉴》《安徽省统计年鉴》《中国统计年鉴》（2009—2019）。其中个别年份的缺少采用均值替换法进行插补。环境污染综合指数采用参考文献［12］中方法进行计算。变量描述性统计特征如表 3-3 所示。

表 3-3　变量描述统计特征

变量名称	N	极小值	极大值	均值	标准差
第二产业从业人员人数（万人）	44	335.67	2 047.16	1 356.44	627.89
工业固定资产总值（亿元）	44	5 254.38	59 073.84	22 967.88	15 213.82
工业能源消耗总量（万吨）	44	5 391.00	23 587.77	13 879.49	7 255.97
工业生产总值（亿元）	44	3 743.70	37 225.70	15 059.72	8 961.42
环境污染综合指数	44	0.01	0.18	0.05	0.03

选取 2009—2019 年数据，以长三角区域三省一市为研究对象，共有 33 个可相比较的决策单元。从表 3-3 对原始数据描述性统计来看，2009—2019 年长三角区域各省市第二产业从业人员数量存在较大差异，极小值为 335.67 万人，而江苏省 2014 年第二产业从业人员数量达到 2 047.16 万人，为极大值。均值为 1 356.44 万人，标准差为 627.89。工业固定资产投资额极小值为 5 254.38 亿元，极大值为 59 073.84 亿元，2009—2019 年间各省市工业固定资产投资差额较大，均值为 22 967.88 亿元，标准差为 15 213.82亿元。2009—2019 年间各省市工业能源消耗最小为 5 391.00 万吨，最大消耗为 23 587.77 万吨，消耗差异较大，均值为 13 879.49 万吨，标准差为 7 255.97 万吨。而工业生产总值在 2009—2019 年期间个别地区也存在较大距离，工业生产总值最低为 3 743.70 亿元，最大值为 37 225.70 亿

元，本节选取 4 个省市间的平均值 15 059.72 亿元，标准差 8 961.42 亿元。2009—2019 年各省市环境污染指数最大值为 0.18，最小值为 0.01，均值为 0.05，标准差为 0.03，各省市皆存在环境污染问题，且污染程度差异较大。

传统的 DEA 模型虽然考虑了投入与产出非径向的调整情况，但尚未将非期望产出纳入其中。2000 年，Tone 在传统 DEA 的基础上提出了基于松弛变量的 DEA-SBM 模型，该模型基于非期望产出变量，有效地解决了传统 DEA 模型的松弛型问题。2001 年，Tone 基于 SBM 无法对有效单元进行排序的基础上，进一步提出 Super-SBM 模型，该模型允许效率值大于 1 且能够对多个在 SBM 模型中效率值为 1 的 DUM 进行排序。本节采用带有非期望产出的 Super-SBM 模型测量长三角区域三省一市的工业绿色发展效率。

Super-SBM 模型表达式如下：

$$\rho = \min\theta = \frac{\frac{1}{m}\sum_{i=1}^{m}\frac{\overline{x}_i}{x_{i0}}}{\frac{1}{s}\sum_{r=1}^{r}\frac{\overline{y}_r}{y_{r0}}} \tag{3-2}$$

$$\text{s. t}\quad \overline{x} \geqslant \sum \mu_j x_j;\quad \overline{y} \leqslant \sum \mu_j y_j;\quad \sum \mu_j = 1$$

$$\text{s. t}\quad \overline{x} \geqslant x_0,\quad \overline{y} \leqslant y_0;\quad \mu \geqslant 0$$

假设有 n 个决策单元（DUM）每个决策单元中都有 m 输入和 s 输出，其中，ρ 为效率值，m 和 s 分别代表为投入和产出个数，x_i 和 y_r 分别为投入和产出要素，μ 为权重向量，$\rho \geqslant 1$ 时代表 DUM 有效，$\rho \leqslant 1$ 时表示 DUM 无效。

基于 Super-SBM 模型，运用 MATLAB 对 2009—2019 年长三角区域三省一市工业绿色生产率进行测算，得到三省一市的工业绿色生产效率值，然后分别对长三角三省一市的工业绿色生产效率值以及效率发展趋势进行分析，如表 3-4 所示。

表 3-4 长三角各省市工业绿色发展效率值

年份\长三角省市	上海	江苏	浙江	安徽
2009	0.560 9	0.603 8	0.420 0	0.186 3
2010	0.692 5	0.655 7	0.581 0	0.238 6
2011	0.946 2	1.000 0	0.654 8	0.367 7
2012	1.000 0	1.000 0	0.548 9	0.388 9
2013	0.822 9	1.000 0	0.553 6	0.401 9
2014	0.779 8	1.000 0	0.552 5	0.398 5
2015	0.792 2	0.757 9	0.543 7	0.439 6
2016	0.688 7	0.786 4	0.524 9	0.347 9
2017	0.779 0	0.812 4	0.602 8	0.384 2
2018	1.000 0	0.841 6	0.642 6	0.413 6
2019	1.000 0	1.000 0	0.727 0	0.416 9
均值	0.823 8	0.859 8	0.577 4	0.362 2

从工业绿色生产效率值方面分析，长三角区域制造业整体绿色发展存在较大的地区差异。2009—2019 年长三角区域各省市工业绿色发展效率值最高达到了 1，最低为 0.186 3，整体呈波动上升趋势，上海和江苏整体均值较好，分别为 0. 823 8 和 0. 859 8；而浙江与安徽均值较低，分别为 0.577 4 和 0.362 2。

从各省市数据来看，上海制造业绿色发展水平处于中上水平，2009 年上海工业绿色发展效率值最低，为 0.560 9，2012 年，上海工业绿色效率值达到 1，但后续几年有所下降，2018 年、2019 年上海工业绿色发展效率重新达到 1。2009—2019 年期间，整体均值达到 0.823 8。江苏工业绿色发展效率一直处于较高水平，整体均值达到 0.859 8，2011—2014 年工业绿色发展效率值均达到最高，2009—2019 年工业绿色发展效率值最低为 0.603 8。浙江工业绿色发展效率一直处于波动上升趋势，2009—2019 年，最低工业绿色效率值为 0.420 0，最高效率值为 0.727 0，上涨幅度较小，均值为 0.577 4，低于上海与江苏均值，数据表明浙江近年来制造业绿色发展水平有所上升，但上升较为缓慢，应尽快完善制造业绿色发展机制，提高效率，加快产业转型升级。长三角中安徽一直处于产业转移的承接方，承接由长三角发达地区淘汰过来的高污染高耗能产业，导致资源消耗多，环境破坏大。2009—2019 年安徽工业绿色发展效率值涨幅不大，基本为 0.3～0.4 之间波动，工业绿色发展效率低下，工业绿色发展效率值最低为 0.186 3，最高为 0.439 6，整体均值也仅为 0.362 2，工业绿色发展效率较低。长三角工业绿色发展效率趋势如图 3-1 所示。总体而言，2009—2019 年上海与江苏工业绿色发展效率高于长三角地区整体工业绿色发展效率；而浙江和安徽工业绿色发展效率 2009—2019 年常年低于区域均值，绿色发展改善空间大。

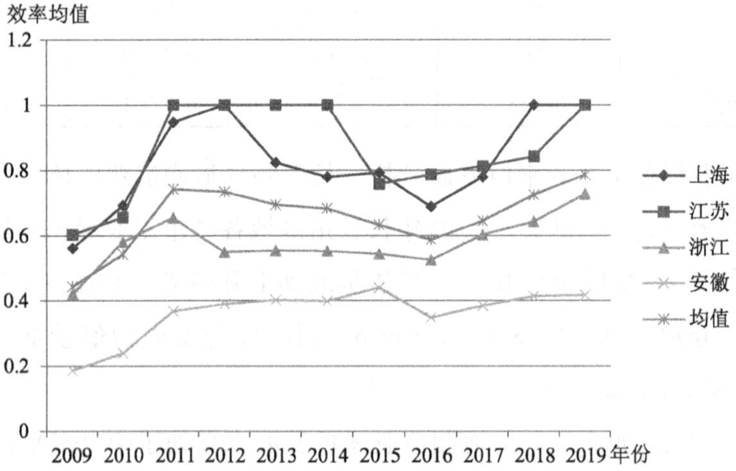

图 3-1　长三角工业绿色发展效率趋势

二、长三角制造业绿色协同度分析

目前对于区域制造业绿色协同程度的衡量尚未存在统一测量方法，大部分学者都是根据产业协同的内涵或是国家颁布的重要指标确定其指标体系。

本节参考国家发改委所颁布的绿色发展指标体系以及现有的产业协同指标体系，结合曾刚教授团队所创建的“长江经济带城市协同发展能力指数”，在此基础上，经过科学研究和仔细对比，从制造业绿色协同角度出发，从制造业的绿色发展、经济发展两个维度构建长三角制造业绿色协同指标体系，如表 3-5 所示，其中，绿色发展维度中污染物排放为逆向指标。

表 3-5 长三角制造业绿色协同发展指标体系

子系统	序参量		指标
i 地区制造业绿色协同发展系统（i=上海市、江苏省、浙江省、安徽省）	经济发展	制造业投入水平	制造业企业个数
			制造业从业人员
			制造业固定资产投资
		制造业产出效益	制造业增加值
			制造业总产值
			制造业劳动生产率
		制造业发展潜力	制造业增加值增长率
			制造业总产值增长率
			制造业固定资产投资增长率
		制造业创新能力	制造业 R&D 活动企业数
			制造业 R&D 人员数
			制造业 R&D 经费支出
			制造业 R&D 经费占 GDP 比重
	绿色发展	污染物排放	单位工业产值污水排放量
			SO_2 排放量
		废物利用	一般工业固体废物综合利用率
			工业污染治理投资占 GDP 比重

对产业协同的测量主要有区位熵、灰色关联分析法、复合系统协同度等模型。李巍，郗永勤从创新链视角出发构建战略性新兴产业创新系统结构图，将系统分为社会、科研、技术、创新效益、产业环境五大子系统，采用网络层次模型和复合系统模型测量产业创新系统协调度，并以采用 2009—2013 年福建省数据进行实证分析；李良成在协同学序参量原理的基础上，分别确立了科技人才和科技创新子系统的序参量，继而采用了复合

系统协同模型对国内2006—2016年科技人才和科技创新复合系统相同基期和相邻基期协同度进行实证分析；尹向来以京津冀和长三角城市群为研究对象，从产业协同、市场协同、交通协同、创新协同以及服务协同这五个方面构建城市群内部协同指标体系，使用复合系统模型计算其演化协同度，继而引入灰色关联模型、距离协同模型计算其协同度和协同发展度，结论表明长三角城市群内部协同发展均优于京津冀地区；张羽使用灰色关联分析模型测算该地区之间的产业关联度，构建粤港澳大湾区产业子系统评价指标体系，继而使用复合系统协同度序参量有序模型测算其有序度和协同度。

综合以上文献，本节以长三角区域制造业为研究对象，研究该系统内部各子系统之间相互作用，通过计算各子系统的有序度及变化趋势分析区域内制造业绿色协同程度。对长三角地区整体制造业绿色协同测度时采用序参量复合系统模型，在计算时首先需要确定各地区权重，采用鲁继通对地区权重的选取标准，以地区GDP为变量进行计算，以2009年为基期，采用序参量复合系统协同度模型，计算长三角制造业绿色协同度，数据主要源于历年长三角地区各省市统计年鉴、《中国统计年鉴》以及《中国工业经济统计年鉴》等。上海、江苏、浙江、安徽的计算结果分别如表3-6、表3-7、表3-8所示。

表3-6　上海制造业绿色协同有序度分布

年份	制造业投入水平 $\lambda_1=0.149$	制造业产出效益 $\lambda_2=0.277$	制造业发展潜力 $\lambda_3=0.062$	制造业创新能力 $\lambda_4=0.350$	污染物排放 $\lambda_5=0.074$	废物利用 $\lambda_6=0.084$	子系统有序度
2009	0.0977	0.0000	0.0093	0.0205	0.0620	0.0444	0.0307
2010	0.0940	0.0790	0.0524	0.0588	0.0519	0.0504	0.0680
2011	0.0487	0.1210	0.0231	0.1185	0.0553	0.0526	0.0927
2012	0.0589	0.1220	0.0258	0.1503	0.0598	0.0630	0.1071
2013	0.0560	0.1287	0.0272	0.1830	0.0545	0.0576	0.1194
2014	0.0470	0.1501	0.0175	0.2293	0.0493	0.0663	0.1402
2015	0.0285	0.1330	0.0000	0.2384	0.0531	0.0528	0.1339

（续表）

年份	制造业投入水平 $\lambda_1=0.149$	制造业产出效益 $\lambda_2=0.277$	制造业发展潜力 $\lambda_3=0.062$	制造业创新能力 $\lambda_4=0.350$	污染物排放 $\lambda_5=0.074$	废物利用 $\lambda_6=0.084$	子系统有序度
2016	0.018 1	0.142 7	0.028 4	0.231 6	0.025 7	0.057 0	0.132 8
2017	0.013 8	0.184 5	0.034 1	0.255 0	0.011 2	0.035 7	0.149 5
2018	0.014 6	0.244 9	0.046 1	0.259 6	0.024 4	0.018 1	0.168 2
2019	0.021 2	0.251 0	0.053 5	0.278 3	0.033 4	0.005 4	0.177 6

根据计算结果显示，上海制造业绿色协同子系统内部有序度逐年稳步提升，但增长幅度较小，每年增长10%左右，受产业转型影响，2014—2015年出现短暂下降趋势，但2016年后迅速恢复增长趋势。从内部各序参量来看，各序参量数值基本呈上涨趋势，制造业产出效益和制造业创新能力所占权重比例较大，分别达到0.277和0.350，对其制造业绿色协同发展影响较大。从2009年起，制造业投入水平有序度逐渐下降，直到2018年有序性才重新开始加强。其中，制造业创新能力以及产出效益的有序度贡献较大，而制造业投入水平以及废物利用有序度贡献较低，废物利用有序度呈现波动下降趋势，有序性在不断减弱。尽管上海市制造业的产出效益较高，但制造业绿色发展的基础仍需加强。

表3-7 江苏制造业绿色协同有序度分布

年份	制造业投入水平 $\lambda_1=0.176$	制造业产出效益 $\lambda_2=0.284$	制造业发展潜力 $\lambda_3=0.171$	制造业创新能力 $\lambda_4=0.286$	污染物排放 $\lambda_5=0.035$	废物利用 $\lambda_6=0.048$	子系统有序度
2009	0.047 2	0.000 8	0.092 8	0.010 9	0.035 1	0.038 2	0.030 6
2010	0.067 3	0.016 6	0.132 2	0.078 2	0.034 1	0.026 1	0.064 0
2011	0.018 6	0.042 1	0.080 2	0.043 6	0.032 4	0.024 8	0.043 7
2012	0.033 9	0.051 4	0.045 5	0.085 4	0.029 8	0.007 4	0.054 1
2013	0.054 9	0.061 2	0.068 1	0.111 4	0.026 9	0.038 9	0.073 3
2014	0.064 1	0.072 2	0.032 9	0.134 7	0.024 3	0.032 7	0.078 3
2015	0.074 0	0.086 6	0.036 0	0.154 1	0.022 8	0.033 2	0.090 2

（续表）

年份	制造业投入水平 $\lambda_1=0.176$	制造业产出效益 $\lambda_2=0.284$	制造业发展潜力 $\lambda_3=0.171$	制造业创新能力 $\lambda_4=0.286$	污染物排放 $\lambda_5=0.035$	废物利用 $\lambda_6=0.048$	子系统有序度
2016	0.087 8	0.098 3	0.017 6	0.181 2	0.013 4	0.014 7	0.099 3
2017	0.081 8	0.178 6	0.060 7	0.186 9	0.006 6	0.016 3	0.129 9
2018	0.096 3	0.222 1	0.043 7	0.205 4	0.003 2	0.014 6	0.147 0
2019	0.103 7	0.258 0	0.003 4	0.259 8	0.022 9	0.021 7	0.168 2

由上表数据可知，2010—2011年江苏制造业绿色协同子系统有序性发展不稳定，2011年后，子系统有序度呈现上升趋势，2019年达到0.168 2。江苏制造业绿色协同子系统稳步提升，在各序参量中，制造业产出效益以及制造业创新能力所占权重比例较大，分别为0.284和0.286，而在绿色协同维度中污染物排放以及废物利用所占权重比例较低，分别为0.035和0.048，对制造业绿色发展影响较小。从数据显示绿色发展在制造业绿色过程中所占地位较小，而制造业发展潜力有序度波动较大，江苏制造业绿色发展程度不够稳定，废物利用有序度贡献小，一直为波动下降趋势，有序性持续减弱。江苏制造业产出效益和创新能力有序度贡献较大，但低于上海子系统有序度。

表 3-8　浙江制造业绿色协同有序度分布

年份	制造业投入水平 $\lambda_1=0.209$	制造业产出效益 $\lambda_2=0.276$	制造业发展潜力 $\lambda_3=0.082$	制造业创新能力 $\lambda_4=0.362$	污染物排放 $\lambda_5=0.014$	废物利用 $\lambda_6=0.056$	子系统有序度
2009	0.064 5	0.000 0	0.006 9	0.009 6	0.013 9	0.037 4	0.019 8
2010	0.089 5	0.044 6	0.075 0	0.040 3	0.012 7	0.000 0	0.052 0
2011	0.074 4	0.092 6	0.045 4	0.046 1	0.012 3	0.033 7	0.063 7
2012	0.086 8	0.105 3	0.016 9	0.104 4	0.011 5	0.033 2	0.088 5
2013	0.092 6	0.131 4	0.027 0	0.145 6	0.010 5	0.048 2	0.113 5
2014	0.099 9	0.157 6	0.027 9	0.177 9	0.009 6	0.047 4	0.134 0
2015	0.098 2	0.170 9	0.012 8	0.208 5	0.009 0	0.044 4	0.146 9

（续表）

年份	制造业 投入水平 λ_1 = 0.209	制造业 产出效益 λ_2 = 0.276	制造业 发展潜力 λ_3 = 0.082	制造业 创新能力 λ_4 = 0.362	污染物 排放 λ_5 = 0.014	废物 利用 λ_6 = 0.056	子系统 有序度
2016	0.090 1	0.188 6	0.018 0	0.225 8	0.004 3	0.032 2	0.156 1
2017	0.091 4	0.191 3	0.009 2	0.244 0	0.001 8	0.030 2	0.162 8
2018	0.079 6	0.232 2	0.025 5	0.276 1	0.001 9	0.038 3	0.185 1
2019	0.101 3	0.251 2	0.018 8	0.329 4	0.001 3	0.043 6	0.213 9

浙江制造业绿色协同系统有序度在计算周期中上升趋势明显，浙江子系统有序度起点低于上海和江苏，但其上升速度快，有序度从 2009 年的 0.019 8，逐年递增至 2019 年的 0.213 9，超过上海市和江苏省各子系统有序度。表明浙江制造业内部绿色协同发展稳定且快速。就内部各序参量而言，制造业产出效益和制造业创新能力所占权重比例仍是最大，但其中制造业投入水平权重相对于上海和江苏而言，权重占比有所提升为 0.209。但在快速发展经济的同时，污染物排放和废物利用同样未得到重视，污染物排放以及制造业发展潜力有序度较差贡献低，但其废物利用有序度在小幅度的波动上升。浙江制造业投入水平、产出效益以及创新能力有序度都处于上升趋势中，贡献较大。

表 3-9　安徽制造业绿色协同有序度分布

年份	制造业 投入水平 λ_1 = 0.176	制造业 产出效益 λ_2 = 0.284	制造业 发展潜力 λ_3 = 0.171	制造业 创新能力 λ_4 = 0.286	污染物 排放 λ_5 = 0.035	废物 利用 λ_6 = 0.048	子系统 有序度
2009	0.016 2	0.000 0	0.113 6	0.003 5	0.040 0	0.018 9	0.022 0
2010	0.050 1	0.019 4	0.085 2	0.083 0	0.038 2	0.024 9	0.054 0
2011	0.028 9	0.037 0	0.045 1	0.038 3	0.038 3	0.000 0	0.034 3
2012	0.060 8	0.056 0	0.041 4	0.072 8	0.035 0	0.011 9	0.056 6
2013	0.117 3	0.077 0	0.038 1	0.096 0	0.036 6	0.022 5	0.082 7
2014	0.141 3	0.089 5	0.029 3	0.122 6	0.035 2	0.024 5	0.098 1
2015	0.158 2	0.095 1	0.020 1	0.134 9	0.035 5	0.041 7	0.1070

（续表）

年份	制造业投入水平 $\lambda_1 = 0.176$	制造业产出效益 $\lambda_2 = 0.284$	制造业发展潜力 $\lambda_3 = 0.171$	制造业创新能力 $\lambda_4 = 0.286$	污染物排放 $\lambda_5 = 0.035$	废物利用 $\lambda_6 = 0.048$	子系统有序度
2016	0.172 6	0.100 4	0.014 0	0.157 7	0.011 9	0.016 7	0.115 1
2017	0.166 6	0.172 6	0.014 7	0.190 0	0.005 4	0.052 0	0.142 4
2018	0.216 3	0.180 0	0.029 9	0.196 7	0.003 6	0.040 1	0.159 7
2019	0.196 0	0.227 5	0.022 2	0.243 3	0.028 0	0.025 3	0.178 5

安徽制造业绿色协同子系统有序度呈波动上升，2010—2011 年出现短暂下降趋势，但从 2011 年起，有序度稳步提升，相对较为稳定。污染物排放以及废物利用在各序参量中所占比例仍然较小，分别为 0.035 和 0.048，其有序性较差且不稳定，在计算周期内并未对安徽制造业绿色协同作出多大贡献。同时，安徽制造业发展潜力有序性呈现出波动下降趋势，但制造业产出效益及创新能力有序性仍然较好，处于相对有序发展状态，对于子系统的有序发展作用明显。

复合系统协同度等级和评判标准的确立是评价协同发展状态的第一步，根据协同度的数值大小（表 3-10），将其划分为四个等级（表 3-11）。

表 3-10 长三角区域制造业绿色协同度

年份	区域制造业绿色协同度
2010	0.007 828
2011	0.009 047
2012	0.015 078
2013	0.023 241
2014	0.030 655
2015	0.035 602
2016	0.041 693
2017	0.055 845
2018	0.071 632
2019	0.087 373

表 3-11　长三角制造业绿色协同度等级和标准

协同度	[－1，0]	[0，0.3]	[0.3，0.7]	[0.7，1]
发展状态	不协同	低度协同	一般协同	高度协同

结合表 3-11 协同度等级标准，由表 3-10 可以看出，长三角区域制造业绿色协同度处于稳步提升状态，2009—2019 年，协同度每年增长 10%左右。其中，2010 年和 2011 年协同度分别为 0.0078、0.009，接近 0，表明在 2010—2011 年间长三角区域制造业绿色协同水平处于不协同状态，注重制造业的经济效益，而忽略了绿色效益。2011 年，国家发布了《2011 中国可持续发展战略报告》，强调绿色发展意识。从 2012 年起，长三角制造业绿色协同度超过 0.01 且逐年递增。至 2019 年，长三角制造业绿色协同度约为 0.08，达到低度协同状态，长三角地区制造业绿色协同度虽然不高，但已处于协同起步阶段。

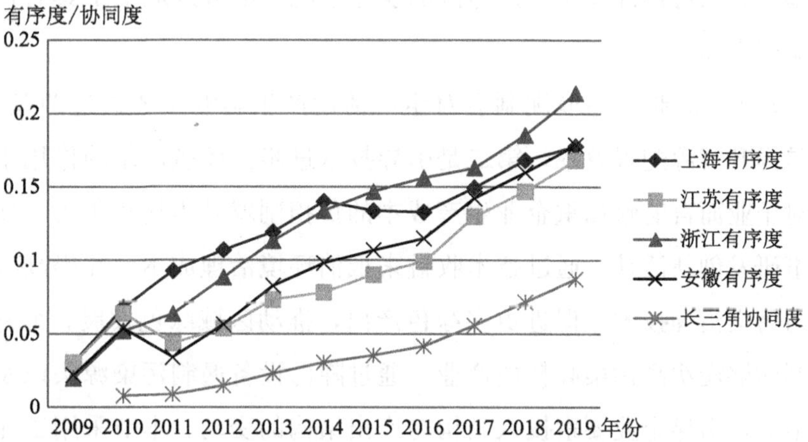

图 3-2　子系统有序度及复合系统协同度变化曲线

从图 3-2 可以看出，2009—2019 年长三角区域制造业绿色协同度整体呈上升趋势。其中，浙江制造业绿色协同有序度增速最快，安徽、上海次之，江苏有序度最低。2009—2014 年，上海有序度高于其他三省，发展贡献较大。2014 年后，上海第三产业发展迅速，占上海 GDP 超过 50%，制造业绿色协同发展出现下降趋势，此时浙江有序度超过上海，成为长三角区域制造业绿色有序度首位。2012 年后，安徽有序度超过江苏，排名第三，2019 年，安徽有序度达到 0.178 5，与上海有序度基本持平，表明安徽省近年来制造业绿色发展子系统发展良好，朝着有序方向发展。

总体而言，长三角区域制造业绿色协同发展存在较大潜力，三省一市应不断优化自身产业结构，调节内部系统，提升各序参量有序度。

子系统发展的有序性是复合系统协同发展的必要前提，因此，在计算有序度的基础上，将长三角区域各省市的绿色协同有序度面板数据作为因变量，运用 Eviews 软件对指标体系进行单位根检验、协整检验、Hausman 检验并进行回归分析。

三、长三角制造业绿色协同影响因素

基于数据可得性及长三角地区的实际情况，本节选取 7 个具有代表性的影响因素如下。

(1) 环境规制。环境规制会对生产活动产生影响主要通过两条途径，第一是提升资源配置效率，第二是引导技术进步。环境规制的作用主要体现在对企业而言能够加重企业生产成本的负担削弱其市场竞争力，使得企业从事研发创新活动，通过技术收益来抵消环境治理成本，并提高资源利用率与污染治理技术，促进更多绿色产出，推动区域绿色发展。另外，环境规制能够淘汰高污染高耗能产业，通过降污设备遏制污染源头以及环境末端治理，引导企业要素投入结构与产出结构的变动。本节采用工业污染治理投资额与 GDP 比值表示环境规制。

(2) 产业结构。区域的产业结构对该地区产业的绿色发展状况起着至关重要的作用，产业结构合理化的程度也对城市经济发展有着一定的影响作用。本节采用地区工业产值占地区生产总值比重来衡量产业结构。地区工业占比的增加对经济增长有较强的推动作用，但工业生产会消耗较多的资源，造成巨大的环境压力，工业“三废”会导致环境污染，抑制制造业绿色发展，降低其绿色有序度，预计地区工业产值占比可能与长三角制造业绿色协同有序度呈负相关。

（3）科技创新。科技创新是指工业企业用于技术创新和技术开发方面的具体活动，有利于制造业绿色协同发展。治理生态环境污染技术的改进有助于改善制造业绿色发展，优化子系统内部协调，科技的进步与制造业经济的发展、新型工业化的转型和建立现代化工业体系也有紧密联系。各地的技术水平可以通过研究与发展R&D经费投入来反映，用R&D经费支出表示科技创新。

（4）经济发展水平。当经济发展水平较高时，经济发展水平能够有效的带动社会福利水平上升，也能为地区污染互利活动提供雄厚的资金支持，政府同时也会出台相关环境管理政策去满足人民对生活环境质量的要求；同时，随着人们环保意识的逐渐增强，消费结构将发生变化，绿色消费与投资也将增加，继而引领区域绿色发展。本节利用人均GDP来衡量地区经济发展水平。

（5）外商投入。反映外资对我国企业的资金和技术投入。促进地区制造业转型升级，需要更多的资金来源，技术和管理经验等生产要素的投入会加速促进经济发展。本节采用各地区外商直接投资年底注册登记投资总额来衡量外商投入水平。

（6）城市化水平。城市化的发展有助于劳动要素的聚集，从而带来规模效益，有助于工业绿色生产效率的进一步提升。本节将使用城镇人口数占地区总人口数的比重来考量城市化水平，数值越大，则代表城市化水平越高。该变量的预期符号为正。

（7）交通密度。通过加大交通基础设施密度，使区域之间联系更加紧密，从而降低货物的运输成本和交易费用，增加经济效益。也有研究表明，交通基础设施比较完善的地区会将相邻地区生产要素吸入本地区，从而不利于相邻地区的发展。

本节将基于复合系统同协同模型所测算的长三角制造业绿色有序度作

为因变量，环境规制、产业结构、科技创新、经济发展水平、外商投入、城市化水平以及交通密度七大指标作为自变量。

制造业绿色有序度取值范围处于0～1之间，本节采用Tobit模型作为实证分析模型，Tobit模型的表达式可以如下表示：

$$y_i^* = \beta_0 + \sum_{j=1}^{k} \beta_j x_{ij} + \varepsilon_i \quad (3\text{-}2)$$

$$y_i^* = y_i \quad (y_i > 0)$$

$$y_i^* = 0 \quad (y_i \leqslant 0)$$

其中，y_i^* 为潜变量，y_i 为可观测的因变量，β_0 为常数项，x_{ij} 为自变量向量，ε_i 为随机误差项。

$$ICD_{it} = \beta_0 + \beta_1 ER_{it} + \beta_2 TEIN_{it} + \beta_3 PGDP_{it} + \beta_4 STR_{it} + \beta_5 FDI_{it} + \beta_6 UZ_{it} + \beta_7 ENCO_{it} + \varepsilon_{it} \quad (3\text{-}3)$$

其中，i 是指 i 个地区，t 是指第 t 个年份，ICD 为绿色协同有序度。

变量说明如表3-12所示。环境规制采用工业污染治理投资额与GDP比值表示，产业结构采用地区工业产值占地区生产总值比重表示，科技创新采用R&D经费支出表示，经济发展水平采用人均GDP进行衡量表示，外商投入采用各地区外商直接投资年底注册登记投资总额表示，城镇化水平采用城镇人口数占地区总人口数比重，交通基础设施采用高速公路里程数表示。

表3-12　变量说明

变量名	简称	变量说明
环境规制	*ER*	工业污染治理投资额与GDP比值
产业结构	*STR*	地区工业产值占地区生产总值比重
科技创新	*TEIN*	R&D经费支出
经济发展水平	*PGDP*	人均GDP

（续表）

变量名	简称	变量说明
外商投入	*FDI*	各地区外商直接投资年底注册登记投资总额
城镇化水平	*UZ*	城镇人口数占地区总人口数的比重
交通密度	*TD*	高速公路里程数

本节选取 2009—2019 年长三角各省市制造业绿色协同有序度作为被解释变量，选取 7 个影响因素的代表指标为解释变量，对长三角地区制造业绿色协同发展影响因素进行分析，数据主要源于《中国统计年鉴》以及各省市历年统计年鉴，其中个别年份的缺失采用均值替换法进行插补。为消除数据本身的影响，变量均进行对数化处理。表 3-13 为对数化处理后描述性统计。

表 3-13　长三角地区各变量描述性统计

影响因素	*N*	极小值	极大值	均值
ICD	44	0.02	0.21	0.106 5
ER	44	0	0	0.000 9
TEIN	44	4.6	7.74	6.368 7
PGDP	44	9.78	11.96	11.128
STR	44	0.31	2.24	1.325
FDI	44	5.63	9.37	7.946 1
UZ	44	3.74	4.5	4.178 8
TD	44	−1.90	−0.38	−1.054 9

用 Eviews 软件对数据进行单位根检验、协整检验以及 Hausman 检验。为防止数据伪回归，本节采用 ADF 检验和 PP 检验两种方法对面板数据进行单位根检验，结果如表 3-14 所示。一阶差分序列的单位根存在概率 P 均小于 0.05，说明各对数的一阶差分序列平稳，可以进行协整检验。

表 3-14 单位根检验结果

		ICD	*ER*	*TEIN*	*PGDP*	*STR*	*FDI*	*UZ*	*TD*
ADF	统计量	−8.150 2	−6.557 5	−6.211 9	−7.787 8	−6.156 4	−6.759 4	−7.165 4	−5.874 1
	P 值	0	0	0	0	0	0	0	0
PP	统计量	−7.986 8	−15.109 7	−6.436 9	−7.802 7	−6.156 7	−6.810 6	−7.405 6	−5.874 1
	P 值	0	0	0	0	0	0	0	0

本节选用的协整检验方法是 Kao 检验，结果如表 3-15 所示，原假设是无协整关系，备择假设是存在协整关系，*P* 值小于 0.05，则拒绝原假设，说明存在协整关系，因此本节模型因变量和自变量之间存在协整关系，可以对变量进行拟合估计。

表 3-15 协整 Kao 检验

ADF	统计量	*P* 值
	−4.898 7	0.000 0

本节选择 Hausman 检验来判断面板数据使用何种回归模型进行检测，原假设是建立随机效应模型，备择假设是使用固定效应模型，结果如表 3-16所示，长三角地区 *P* 值大于 0.05，选择随机效应模型。

表 3-16 Hausman 检验

检测结果	*P* 值	自由度
随机效应模型	0.127 6	7

采用 Tobit 随机效应模型进行回归测算，如果如表 3-17 所示。

表 3-17 长三角制造业绿色协同影响因素的 Tobit 回归结果

ICD	*Coef*	*std*	*z*	*P* >| *z* |	[95%*Conf*. *Interval*]	
ER	0.001 4	0.005 6	0.25	0.799	−0.009 5	0.012 4
TEIN	0.011 34	0.012 2	0.92	0.356	−0.012 72	0.035 4
PGDP	0.169 9	0.030 7	5.53	0	0.109 67	0.230 2
STR	−0.110 1	0.017 3	−6.34	0	−0.144 2	−0.076 14

（续表）

ICD	Coef	std	z	P >| z |	[95%Conf. Interval]	
FDI	0.006	0.012 1	0.5	0.616	−0.017 6	0.029 8
UZ	0.029	0.062 4	0.47	0.641	−0.093 3	0.151 4
TD	0.115 3	0.024 2	4.75	0	0.067 7	0.162 9
_cons	−1.882 9	0.162 2	−11.6	0	−2.201 0	−1.564 8
sigma_u	4.38e-20	.002 379 3	0.00	1.000	−.004 663 3	.004 663 3
sigma_e	.015 034 4	.001 602 7	9.38	0.000	.011 893 2	.018 175 6
rho	8.50e-36　9.23e-19				0	1
LR test of sigma_u=0：chibar2（01）=0.00					Prob>=chibar2=1.000	

经济发展水平、产业结构以及交通密度对长三角制造业绿色有序度有显著的影响，其中地区工业产值占地区生产总值比重对长三角制造业绿色有序发展有抑制作用，其他因素均为正面影响因素，环境规制、科技创新、外商投入、城市化水平对制造业绿色有序发展均有积极的正向影响，但效果并不显著。

第一，环境规制对长三角制造业绿色协同发展有正向影响。但影响效果并不显著，系数为0.001 4，表明仅仅依靠环境规制、政府政策并不能完全有效的实现长三角制造业绿色有序度的提升。

第二，产业结构对长三角制造业绿色有序度存在显著的负相关。其他因素保持不变，地区工业产值占地区生产总值比例每增加1%，制造业绿色有序度随之下降11%。通过产业结构优化升级、降低碳排放、提高废物利用率，从而促进制造业绿色发展。

第三，科技创新对长三角制造业绿色协同有序度同样存在积极的正向影响，但影响同样不显著，系数约为0.011，表明在区域制造业绿色协同发展过程中，政府对科技创新的支持有一定的推动作用。

第四，经济发展水平对长三角制造业绿色协同有序度呈显著的正相关，影响系数约为0.17，人均GDP每上涨1%，制造业绿色协同有序度上升17%，说明人均地区生产总值更高的区域，企业在追求经济利益的同时，会更加注重环境的外部性效益，提高工业绿色发展效率，促进区域绿色协同发展。

第五，外商投入、城镇化水平对制造业绿色有序发展均有积极的正向影响，但效果并不显著。外商对长三角地区的投入会在一定程度上带来知识溢出效应以及技术溢出效应，城镇化水平的提升会给该地区带来经济活力，促进制造业快速发展。

第六，交通密度的提升能够有效的促进长三角地区制造业绿色协同发展。交通密度每提升1%，制造业绿色有序度会随之上升11%。通过完善交通基础设施，能够促进地区之间的资源流通，带动劳动资源的有效流动，有效降低运输成本，促进区域协同发展。

第三节　长三角制造业发展的对策建议

在区域一体化进程之下，为打造世界级长三角产业集群，需要实现行业内部企业之间的优胜劣汰、资源要素的高效利用，需要发挥区域整体优势，践行绿色发展理念，提高长三角生态一体化。通过完善区域生态绿色治理体系和协同发展机制，消除影响生态资源配置的行政壁垒，构建优势互补、分工合理的发展格局，实现高质量生态绿色发目标。建议通过优化区域产业规划、完善跨区域协同机制、整合创新资源优势等方式，加快绿色一体化进程，促进长三角区域一体化发展。具体建议如下。

1. 优化长三角产业发展规划

产业发展规划是投资和建设的先导，直接影响着一个地区的产业选择和布局。目前长三角产业同质化竞争依然存在，产业分工布局不尽合理。需要从服务国家发展战略出，立足于全局全域，发挥上海的龙头作用，结合苏浙皖的优势资源，统筹考虑区域内各地的资源禀赋、发展基础、区位特征、环境容量、带动效应等因素，优化产业发展专项规划。

制定长三角工业碳达峰规划，明确实施方案。加强工业“碳达峰”“碳中和”顶层设计和系统谋划，编制长三角工业碳达峰实施方案，提出重点行业碳达峰路线，明确实施路径，有序推进。

产业空间格局的优化，既是“存量”产业分工优化的结果，也有利于引导“增量”产业朝着集聚化、专业化的方向发展。通过强化产业规划的指导作用和国土规划、土地资源、环境容量的引导作用，尽快在长三角全域形成合理的产业空间格局。上海着重布局金融、大飞机、生物医药等国内亟需突破提升的关键产业；“上海—南京—合肥”沿线，凸显高端制造特色，着重发展集成电路、新能源汽车、航空航天、船舶以及智能语音、脑科学等产业；“杭州—上海”沿线，凸显数字经济特色，发展平台经济、智能制造、人工智能、新零售、智能网联汽车、文化创意等产业。基于区域资源禀赋和产业基础，根据国内外市场需求的变化，发展各具特色的产业。

围绕产业合理分工、基础设施互联互通、生态环境共治共保、公共服务均等协调等关键领域，编制长三角产业、交通、环境和公共服务等专项规划。解决长三角基础设施分布不均衡、“东强西弱”“南密北疏”等问题。强化东西横向的交通大通道，优化长江周边欠发达地区的基础设施布局，推动长三角地区基础设施以及交通道路的互联互通，加快基础设施均衡发展。

2. 加快跨区域的合作与协同

产业跨区域的优化布局和融合发展，需要各类平台载体的支撑。大型企业集团龙头作用、优势产业链等上下游关联带动，是形成产业分工布局的关键动力之一。鼓励支持各类企业，特别是大型企业集团，以市场化的方式在长三角优化布局，进一步整合区域内的供应链、产业链、价值链。更好地发挥政府的跨区域协调作用，消除行政壁垒对经济发展的阻碍；建立各类跨区域产业合作园区，支持“飞地经济”的发展；在保证国家统计制度、财税制度统一的前提下，允许和支持有关地区生产总值分计、财税分享等制度探索；在保持良好的区域制造业产业集聚状况下，共同搭建全域招商引资平台与综合服务平台，不断提高长三角企业的全球竞争力和影响力。

优化产业结构，打造先进高端产业集群。依托各地优势行业，构建先进制造体系，带动整个产业绿色低碳发展。推动绿色制造领域产业融合化、集群化、生态化发展，培育一批专精特新“小巨人”企业和制造业单项冠军企业。推动传统行业低碳升级，加快钢铁、石化化工、装备制造等行业实施绿色化升级改造，优化产业结构，推动落后产能退出，盘活低效土地资源。

制造业的转型升级是提升长三角全球竞争力的关键所在。长三角发展战略性新兴产业的基础要素完备，但仍需进一步协调供给侧和需求侧政策，力争在重要领域率先突破。以 5G 规模化应用、量子保密通信干线网建设为契机，共同制定数字治理的统一标准和规范，打造长三角数字经济、平台经济生态系统。整合各区域优势资源，加快建设一批面向长三角应用推广的工业互联网平台，打造智能制造和智能服务的领先集群。开展高速公路智能网联汽车应用，加强在共享出行等领域的政策协调和衔接，打造下一代汽车、智能共享出行等行业的集群。建设长三角政府采购“区域一张网”，以规模化政府采购，有效助推区域内新兴产业的发展。

鼓励跨区域合作，促进区域制造业协同发展。长三角作为国内人工智能发源地之一，上海市嘉定区主攻“中国自制芯片”补齐短板，建立智能产业园；全国唯一国家传感网创新示范区则是坐落在江苏无锡；浙江则是率先建成城市“数据大脑”，具备云计算、大数据等产业优势；安徽合肥布局先进的计算机、芯片等产业，加强与江浙沪的联系合作，打造物联网产业生态。优势互补，跨区域合作，促进区域制造业协同发展。

发挥上海的龙头作用，合力打造长三角全球资源配置中心。突出上海的国际金融中心、国际贸易中心、国际航运中心优势，做强做大上海空港和大小洋山港、宁波舟山港，增加枢纽港国际远洋航线和国际长线航班的数量和密度，加强长三角的港口、机场分工合作，将长三角打造成全球的物流中心和资源配置中心。优化对外开放渠道，构建国际信息共享中心，加强国际间的交流与合作。疏通各环节痛点，扬长避短的同时补强必要的短板，加快形成“国内大循环为主，国内国际双循环相互促进”的格局。

3. 加快改革创新步伐

推动绿色制造体系变革，激发绿色发展新动能。持续推进绿色工厂、绿色园区、绿色产品、绿色供应链建设。推进零碳工厂、零碳园区、零碳供应链试点建设。构建绿色制造标准体系，制定绿色产品标准、绿色园区评价标准、制定绿色供应链管理标准。推进资源、能源高效利用的绿色工厂设计，强化布局集聚化、结构绿色化、链接生态化的绿色园区设计理念。加强电子商务和信息化、研发设计、检验检测、物流仓储等生产性服务业绿色低碳升级。加快发展绿色集成综合服务，支持制造业企业整合上下游资源，提供设计、采购、制造、工程施工、运维管理等系统解决方案。

支持长三角对标高标准的国际经贸规则，进一步扩大改革创新。在长三角区域范围内率先复制推广自贸区开放政策。根据各地的产业发展需求和比较优势，设立新的开放平台，促进科技研发能力的提升和产业转型升级。安徽加快海关特殊监管区建设，复制推应上海自贸区的举措。加大江苏建设自由贸易试验区力度，加快国际陆海联运大通道建设。围绕数字经济发展，设立数字自贸区或数字经济发展试验区，促进数字经济和数字贸易的发展，在探索跨境数据流动的制度安排方面进行探索。

聚焦国家重大科技战略需求，对接上海全球科创中心建设，打造“上海—南京—合肥—杭州”G60科创走廊升级版，加大各城市之间在重点科技领域的资源共享、平台共建、协同攻关，着力突破“卡脖子”的关键核心技术。在示范区内，积极创建知识产权保护中心，建立长三角高校联盟、行业联盟和智库联盟机构，共建共享工业互联网服务平台，丰富工业互联网应用场景，组建G60科创走廊联合国际采购团队，将示范区打造成长三角高质量创新发展的科技成果转化区，增强长三角地区产业高质量发展的优势和后劲。

长三角区域拥有大量高等学府、研究机构和高层次研发人才，依托长三角地区雄厚的科研和产业基础，打造科技研发平台，加强科学基础设施建设、人才库、企业库等创新资源的共享程度。加强区域制造业企业之间的沟通与交流，利用科技水平的提升，加速企业的绿色转型。利用各地区的高校优势、人才政策吸引高水平研究人员的聚集，增强制造业的研发潜力，实施“产学研”三者合一。

建设长三角科技创新共同体，实现创新资源开放共享。区域内国家投资或国有单位的重大科研基础设施、大型科研仪器和公共检验检测平台开放共享。开展创新券支持行动，鼓励中小科研机构和企业通过创新券支付开放共享设备的使用，将创新券通兑通用的范围扩大到整个长三角地区。构建布局合理、互通开发的区域创新体系，积极吸引创新型企业入驻、对接全球资源。鼓励长三角地区各高校进行产学研三方合作，积极参与科技创新活动。

4. 加快长三角生态绿色一体化进程

促进长三角产业链低碳协同发展。把握长三角一体化发展国家战略，发挥各地区比较优势，促进各类要素合理流动和高效集聚，促进产业链跨地区协同，形成空间布局合理、区域分工协作、优势互补的产业绿色低碳发展新格局。

加快推动苏北、浙西南、皖西、皖南等相对落后地区的发展。推动城区老工业区转型发展，加快产业升级，健全长效发展机制。以都市圈建设为主要抓手推动苏北振兴，带动苏中崛起发展，逐步缩小与苏南地区差距。坚持浙西南地区以绿色发展为主线的发展思路，充分发挥比较优势，优先补齐交通基础设施建设短板，加快推动浙西南城市城区功能完善，为培育长三角生态、文化等绿色产业集聚打好基础。进一步创新绿色产业发展机制，需要坚持“改旧”和“育新”两手抓，依托长三角丰富的创新资源优势，建立跨行政区绿色科技项目、人才、平台等创新资源共建共享机制，构建绿色创新共同体，推动绿色创新链和绿色产业链融合发展。

建立长三角绿色技术交易市场、苏浙沪重点高校联合实验室、国家绿色科技成果转化基地、长三角绿色产业创新联盟等平台，推动绿色创新链与绿色产业链精准对接。鼓励以绿色技术、绿色工艺加快传统产业开级改造，以区块链、人工智能、大数据等新技术、新产业为绿色经济高质发展注入新动能，培育节能环保、生态治理、绿色能源、绿色材料、绿色科技服务等新业态，发展创新型绿色产业集群。

第四章

泛珠三角制造业发展特征与升级路径

第一节 泛珠三角制造业集聚效应

本章将以2008—2017年中国制造业两位数分行业为研究对象，分析泛珠三角9省份的制造业发展特征。因在2002年、2011年、2017年，《国民经济行业分类与代码》都被适当地修改、调整，为保证研究行业在研究期间内的一致性，根据时间跨度对行业数据做了合并与修改：合并2002年行业分类标准中的C28和C29，合并2011年、2017年行业分类标准中的C36和C37，合并C41和C43，最终采集29个制造业行业数据。本节所研究的29个行业分类如表4-1所示。数据源于《中国统计年鉴》（2009—2018）、《中国工业经济统计年鉴》（2009—2018）及泛珠三角各省统计年鉴（2009—2018）。

表4-1 制造业行业分类表

代码	行业类别	代码	行业类别
C13	农副食品加工业	C19	皮革、毛皮、羽毛及其制品和制鞋
C14	食品制造	C20	木材加工和木、竹、藤、棕、草制品
C15	酒、饮料和精制茶制造业	C21	家具制造业
C16	烟草制品业	C22	造纸和纸制品业
C17	纺织业	C23	印刷和记录媒介复制业
C18	纺织服装、服饰业	C24	文教、工美、体育和娱乐用品制造业

（续 表）

代码	行业类别	代码	行业类别
C25	石油、煤炭及其他燃料加工业	C34	通用设备制造业
C26	化学原料和化学制品制造业	C35	专用设备制造业
C27	医药制造业	C36	交通运输设备制造业
C28	化学纤维制造业	C37	电气机械和器材制造业
C29	橡胶和塑料制品业	C38	计算机、通信和其他电子设备制造业
C30	非金属矿物制品业	C39	仪器仪表制造业
C31	黑色金属冶炼和压延加工业	C40	其他制造业
C32	有色金属冶炼和压延加工业	C41	废弃资源综合利用业
C33	金属制品业		

判断产业集聚情况的参数指标主要包括区位熵和EG指数。

一、泛珠三角制造业区位熵

区位熵产业集聚测算方法能反映某一地域产业的空间分布情况或反映地区产业的专业化水平，其计算公式为

$$LQ=\frac{\frac{X_i}{Y_i}}{\frac{X}{Y}} \tag{4-1}$$

当区位熵 $LQ<1$ 时，说明泛珠三角产业集聚程度低，在全国范围内不具有比较优势；当区位熵 $LQ=1$ 时，说明泛珠三角的产业处于全国平均水平；当区位熵 $LQ>1$ 时，说明产业相对集中于泛珠三角，专业化水平较高，在全国范围内具有较强比较优势，产业规模较大且行业发展速度较快。

1. 泛珠三角制造业省级层面的区位熵计算结果及分析

根据公式（4-1）测算得出泛珠三角省级层面的集聚水平，如表4-2所示。X_i 表示泛珠三角各省市29个制造业行业2008—2017年规模以上工业总产值之和（即9＊29个数据加总），Y_i 表示泛珠三角9省份2008—2017年

工业企业规模以上工业总产值，X 表示全国 29 个制造业行业 2008—2017 年规模以上工业总产值之和，Y 表示全国 2008—2018 年工业企业规模以上工业总产值。

表 4-2　泛珠三角各省份 2008—2017 年制造业区位熵指数

年份＼泛珠三角省份	广东	福建	江西	广西	海南	湖南	四川	云南	贵州	均值
2008	1.062	1.054	1.023	0.927	1.008	0.979	0.782	0.709	0.742	0.921
2009	1.060	1.046	1.022	0.985	0.995	0.999	0.777	0.912	0.716	0.946
2010	1.066	1.051	1.038	1.001	1.000	0.622	0.794	0.900	0.699	0.908
2011	1.067	1.051	1.048	1.016	1.002	0.543	0.790	0.903	0.711	0.904
2012	1.063	1.063	1.047	1.024	0.993	0.583	0.780	0.894	0.708	0.906
2013	1.067	1.063	1.057	1.025	0.998	0.945	0.780	0.877	0.732	0.949
2014	1.049	1.050	1.041	1.013	0.481	0.934	0.758	0.879	0.746	0.883
2015	1.040	1.043	1.029	1.011	0.954	0.931	0.716	0.870	0.766	0.929
2016	1.032	1.038	1.031	1.012	0.935	0.922	0.744	0.867	0.791	0.930
2017	0.840	0.840	0.842	0.825	0.763	0.756	0.607	0.721	0.656	0.761
均值	1.035	1.030	1.018	0.984	0.913	0.821	0.753	0.853	0.727	0.904

从整体来看，泛珠三角的专业化集聚度不高，平均值为 0.904，且在 2017 年专业化聚集水平达到最低，其 LQ 值仅为 0.761。分地区来看，广东、福建、江西三省的区位熵均值大于 1，且广东的区位熵数据平均值最大，说明广东、福建、江西这 3 省的制造业集聚水平较高，且在全国范围内具有比较优势；相比其他省份，贵州的制造业区位熵平均值最低，说明贵州的制造业集聚水平最低。

2. 泛珠三角制造业行业层面的区位熵计算结果及分析

为更加详细、具体地分析泛珠三角制造业集聚水平现状，从行业层面对泛珠三角制造业集聚水平进行了分析，详情见表 4-3。在表 4-3 的计算中，X_i 表示泛珠三角九省份制造业 i 行业 2008—2017 年规模以上工业总产值，Y_i 表示泛珠三角九省份 2008—2017 年工业企业规模以上工业总产值，X 表示全国制造业 i 行业 2008—2018 年规模以上工业总产值之和，Y 表示全国 2008—2017 年工业企业规模以上工业总产值。

表 4-3 泛珠三角 2008—2017 年制造业区位熵指数

行业\年份	2008	2009	2010	2011	2012	2013	2014	2015	2016	2017	均值
C13	0.798	0.786	0.695	0.693	0.698	0.733	0.745	0.741	0.757	0.808	0.745
C14	0.942	0.948	0.884	0.878	0.907	0.936	0.907	0.897	0.872	0.906	0.908
C15	1.254	1.311	1.265	1.286	1.325	1.445	1.396	1.375	1.384	1.422	1.346
C16	1.910	1.809	1.694	1.680	1.786	1.766	1.694	1.587	1.626	1.529	1.708
C17	0.637	0.653	0.657	0.637	0.614	0.653	0.672	0.660	0.670	0.701	0.655
C18	1.227	1.235	1.252	1.393	1.223	1.292	1.275	1.250	1.210	1.249	1.260
C19	1.743	1.726	1.701	1.855	1.675	1.741	1.703	1.665	1.644	1.658	1.711
C20	1.065	1.035	0.951	0.970	0.950	0.971	0.989	1.033	1.041	1.117	1.012
C21	1.473	1.427	1.448	1.427	1.403	1.488	1.442	1.410	1.415	1.426	1.436
C22	1.245	1.191	1.240	1.204	1.236	1.245	1.301	1.264	1.263	1.282	1.247
C23	1.621	1.554	1.399	1.397	1.317	1.513	1.260	1.175	1.117	1.134	1.349
C24	1.688	1.627	1.671	4.033	1.722	1.809	1.621	1.432	1.361	1.389	1.835
C25	0.609	0.676	0.670	0.653	0.677	0.737	0.646	0.656	0.616	0.583	0.652
C26	0.861	0.847	0.771	0.792	0.765	0.759	0.758	0.741	0.722	0.676	0.769
C27	0.949	0.938	0.891	0.864	0.866	0.868	0.844	0.809	0.785	0.080	0.790
C28	0.494	0.530	0.524	0.503	0.556	0.612	0.715	0.738	0.722	0.734	0.613
C29	1.177	1.176	1.124	1.034	1.058	1.133	1.016	0.999	1.014	1.022	1.075
C30	1.030	1.061	1.060	1.012	1.035	1.077	1.115	1.091	1.111	1.120	1.071
C31	0.543	0.580	0.624	0.645	0.619	0.687	0.689	0.713	0.730	0.654	0.649
C32	1.149	1.195	1.094	1.089	1.033	1.066	1.067	1.018	1.002	1.077	1.079
C33	1.119	1.112	1.068	1.028	0.866	0.924	0.915	0.930	0.913	1.006	0.988
C34	0.612	0.595	0.537	0.591	0.664	0.678	0.659	0.651	0.664	0.688	0.634
C35	0.820	0.871	0.900	0.879	0.909	0.921	0.879	0.858	0.876	0.921	0.884

（续表）

行业\年份	2008	2009	2010	2011	2012	2013	2014	2015	2016	2017	均值
C36	0.800	0.779	0.719	0.701	0.704	0.737	0.718	0.729	0.717	0.729	0.733
C37	1.219	1.186	1.183	1.107	1.053	1.118	1.080	1.051	1.062	1.034	1.109
C38	1.637	1.639	1.622	1.632	1.660	1.755	1.672	1.614	1.632	1.609	1.647
C39	1.344	1.232	1.199	0.629	0.651	0.660	0.652	0.658	0.700	0.687	0.841
C40	1.562	1.506	1.650	0.740	1.131	1.384	1.411	1.367	1.362	1.414	1.353
C41	1.391	1.450	1.562	1.419	1.485	1.567	1.645	1.736	1.664	1.683	1.560

结合泛珠三角 2008—2017 年行业层面的区位熵值（表 4-3），对 29 个制造业行业进行分组，得出以下结论。

（1）从 2008—2017 年区位熵平均值来看，在研究的 29 个行业中，共有 16 个行业的区位熵值大于 1，说明这 16 个行业是目前泛珠三角的优势产业，其中 C24 文教、工美、体育和娱乐用品制造业区位熵平均值最高，达到 1.835，说明泛珠三角的 C24 文教、工美、体育和娱乐用品制造业具有较强的比较优势；依次是 C19 皮革、毛皮、羽毛及其制品和制鞋业（1.711）、C16 烟草制品业（1.708）、C38 计算机、通信和其他电子设备制造业（1.647）、C41 废弃资源综合利用业（1.560）、C21 家具制造业（1.436）、C40 其他制造业（1.353）、C23 印刷和记录媒介复制业（1.349）、C15 酒、饮料和精制茶制造业（1.346）、C18 纺织服装、服饰业（1.260 5）、C22 造纸和纸制品业（1.247）、C37 电气机械和器材制造业（1.109 3）、C32 有色金属冶炼和压延加工业（1.079）、C29 橡胶和塑料制品业（1.075）、C30 非金属矿物制品业（1.071）、C20 木材加工和木、竹、藤、棕、草制品业（1.012）。

（2）结合每一年的区位熵以及平均值来看，区位熵全部大于 1 以及均值大于 1 的行业包括 C15 酒、饮料和精制茶制造业、C16 烟草制品业、C18 纺织服装、服饰业、C19 皮革、毛皮、羽毛及其制品和制鞋业、C21 家具制造业、C22 造纸和纸制品业、C23 印刷和记录媒介复制业、C24 文教、工美、体育和娱乐用品制造业、C29 橡胶和塑料制品业、C30 非金属矿物制品业、C32 有色金属冶炼和压延加工业、C37 电气机械和器材制造业、计算机、C38 通信和其他电子设备制造业、C41 废弃资源综合利用业，说明这 14 个行业在泛珠三角属于强势产业。如图 4-1 所示，这 14 个行业在研究样本期间波动起伏不大，发展较平稳。

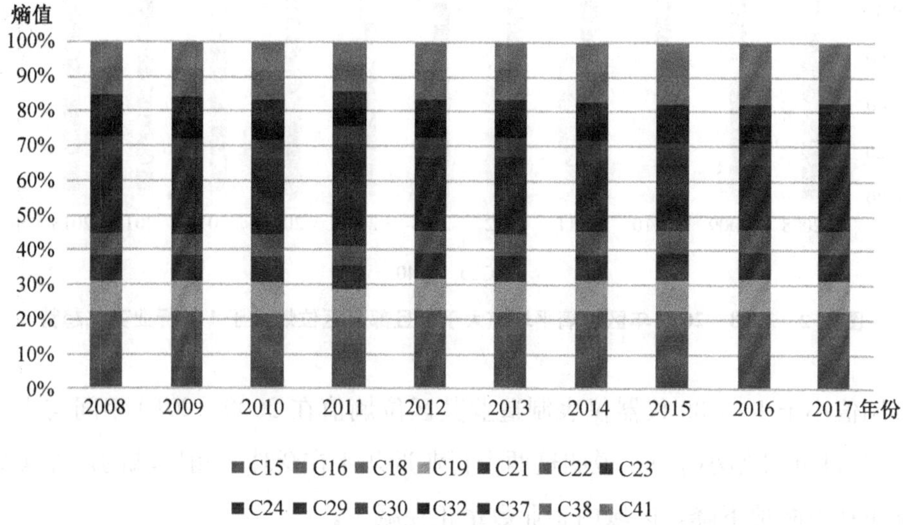

图 4-1　2008—2017 年区位熵值都大于 1 的行业变化趋势

部分区位熵大于 1 且均值大于 1 的共有 2 个行业，分别是 C20 木材加工和木、竹、藤、棕、草制品业、C40 其他制造业。如图 4-2 所示，C20 木材加工和木、竹、藤、棕、草制品业在研究期间发展平稳；C40 其他制造业在 2010—2013 年间波动起伏较大，2011 年行业区位熵值下降至 0.740，从 2012 年（1.131）开始缓慢上升，2017 年其区位熵值已达到 1.414，说明该行业从 2013 年开始在泛珠三角发展迅速，并逐步成为优势产业。

部分区位熵大于 1、但均值小于 1 的行业有 C33 金属制品业、C39 仪器仪表制造业两个行业，且这两行业在研究样本期间呈弱化趋势。如图 4-3 所示，C33 金属制品业在 2008—2011 年间区位商值大于 1，2012 年开始区

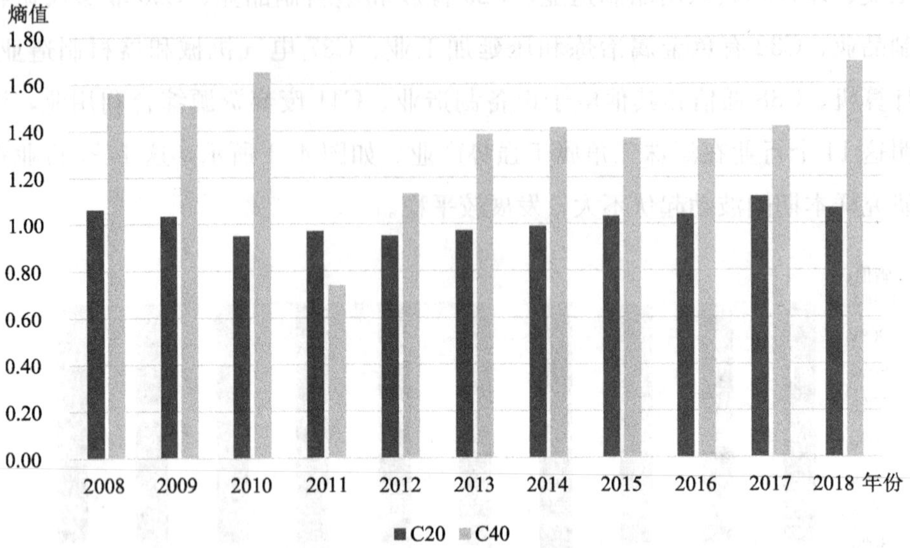

图 4-2　2008—2017 年区位熵平均值大于 1 且部分区位熵大于 1 的行业变化趋势

位熵值小于 1，C39 仪器仪表制造业其区位熵值在 2009—2010 年间均大于 1，2011 年开始小于 1。说明这两个行业近几年在泛珠三角区域的产业集聚度正在不断地下降，区域内企业数量正在减少。

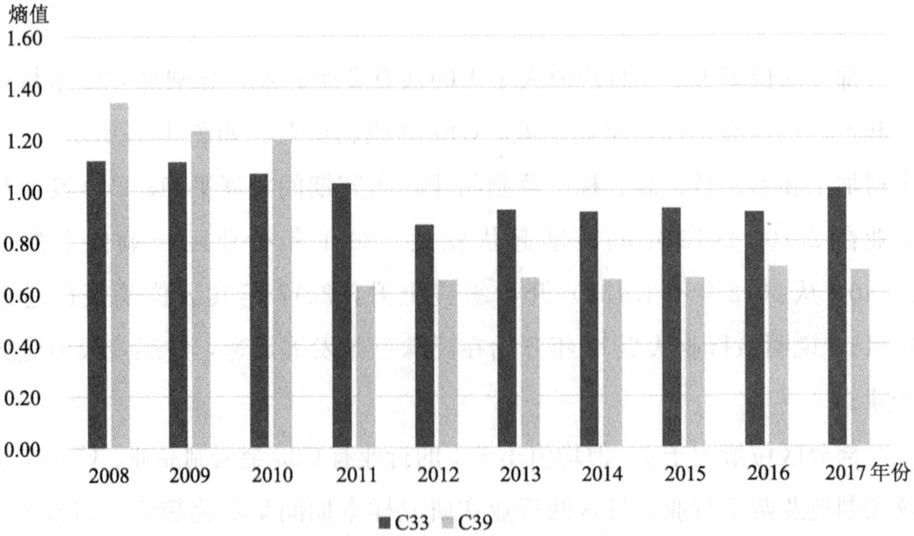

图 4-3　2008—2017 年区位熵平均值小于 1 但部分区位熵值大于 1 的行业变化趋势

全部区位熵值以及平均值都小于 1 的行业包括 C13 农副食品加工业、C14 食品制造业、C17 纺织业、C25 石油加工、炼焦和核燃料加工业、C26 化学原料和化学制品制造业、C27 医药制造业、C28 化学纤维制造业、C31 黑色金属冶炼和压延加工业、C34 通用设备制造业、C35 专用设备制造业、C36 交通运输设备制造业共 11 个行业，说明这些行业不是泛珠三角的优势产业。如图 4-4 所示，部分行业在样本研究期间呈上升趋势，如 C13 农副食品加工业、C14 食品制造业、C17 纺织业；而 C27 医药制造业、C28 化学纤维制造业两产业在研究期间呈弱化趋势。

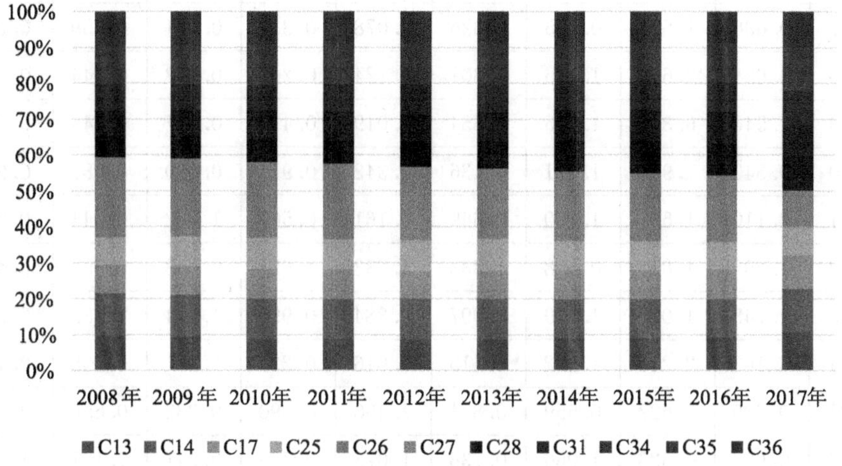

图 4-4　2008—2017 年劣势行业的产业集聚水平变化趋势

通过对泛珠三角制造业不同行业的区位熵值的测算，目前泛珠三角制造业的优势产业有 C24 文教、工美、体育和娱乐用品制造业、C19 皮革、毛皮、羽毛及其制品和制鞋业、C16 烟草制品业、C38 计算机、通信和其他电子设备制造业等 14 个行业。

(3) 泛珠三角各省各行业的区位熵计算结果及分析

为了解各省制造业各行业的发展状况，根据公式（4-1）测算得出泛珠三角各省市制造业 29 个行业的区位熵，表 4-4 是根据各省各行业的区位熵计算结果整理的区位熵均值。在表 4-4 中，X_i 表示某省 i 行业的规模以上工业总产值，Y_i 表示全国 i 行业规模以上工业总产值，X 表示某省规模以上工业总产值，Y 表示全国规模以上工业总产值。

表 4-4　泛珠三角各省份制造业各行业 2008—2017 年区位熵均值

行业\省份	广东	福建	江西	广西	海南	湖南	四川	云南	贵州
C13	0.442	1.111	0.994	2.128	1.296	0.827	0.506	0.935	0.469
C14	0.781	1.576	0.981	0.855	1.436	0.919	0.679	0.832	0.772
C15	0.598	1.340	0.704	1.543	0.804	0.839	3.876	1.412	4.797
C16	0.461	0.888	0.822	1.364	1.529	3.693	0.677	18.698	5.205
C17	0.636	1.523	0.955	0.326	0.078	0.380	0.324	0.059	0.042
C18	1.624	2.664	1.705	0.301	0.124	0.267	0.148	0.044	0.124
C19	1.546	6.315	1.275	0.554	0.019	0.414	0.367	0.043	0.207
C20	0.542	1.960	1.271	3.436	0.342	0.911	0.520	0.487	0.902
C21	2.110	1.560	1.000	0.669	0.161	0.567	1.023	0.044	0.280
C22	1.295	1.813	0.908	1.333	4.233	1.627	0.648	0.553	0.463
C23	1.748	1.024	1.309	0.997	0.384	0.992	1.004	1.339	0.558
C24	3.162	2.216	1.122	0.415	0.016	0.223	0.101	0.458	0.120
C25	0.699	0.627	0.559	0.871	7.490	0.390	0.332	0.656	0.386
C26	0.677	0.526	1.066	0.736	1.073	0.778	0.947	1.181	1.110
C27	0.494	0.333	1.664	0.885	2.688	0.827	1.210	1.176	1.906
C28	0.215	2.910	0.439	0.005	0.298	0.141	0.635	0.236	0.000
C29	1.460	1.576	0.716	0.481	0.335	0.369	0.473	0.391	1.372
C30	0.756	1.388	1.644	1.388	1.305	1.199	1.137	0.872	1.504
C31	0.311	0.640	0.752	1.646	0.096	0.785	0.912	1.318	1.016
C32	0.599	0.651	4.008	1.396	0.036	1.253	0.396	3.162	0.941
C33	1.503	0.770	0.647	0.486	0.441	0.553	0.569	0.308	0.449
C34	0.635	0.599	0.486	0.356	0.031	0.753	1.134	0.172	0.206
C35	0.606	0.645	0.461	0.910	0.055	3.201	1.107	0.290	0.347
C36	0.748	0.517	0.610	1.554	0.798	0.861	0.718	0.320	0.420

（续表）

行业＼省份	广东	福建	江西	广西	海南	湖南	四川	云南	贵州
C37	1.702	0.728	1.183	0.548	0.473	0.703	0.449	0.195	0.311
C38	2.960	1.146	0.468	0.482	0.109	0.327	0.878	0.053	0.249
C39	1.199	0.762	0.528	0.252	0.417	0.872	0.388	0.325	0.200
C40	1.217	3.058	0.829	0.443	0.348	0.549	1.760	0.332	0.982
C41	2.578	0.398	1.042	2.332	0.341	0.853	0.307	0.333	0.241

从表 4-4 中可以发现，每个省都有各具特色的专业化优势产业。如：广东的计算机、通信和其他电子设备制造业区位熵为 2.960；福建的皮革、毛皮、羽毛及其制品和制鞋业区位熵为 6.315；云南的烟草制品业区位熵为 18.698；四川和贵州的酒、饮料和精制茶制造业区位熵指数都较高，分别为 3.876、4.797；海南的石油加工、炼焦和核燃料加工业区位熵为 7.490。根据表 4-4 对珠三角各省制造业地方专业化水平进行具体分析，结果见表 4-5。

表 4-5　泛珠三角各省优势产业

省份	优势产业
广东	纺织服装、服饰业皮、革、毛皮、羽毛及其制品和制鞋业家具制造业、金属制品业、电气机械和器材制造业、计算机、通信和其他电子设备制造业、仪器仪表制造业
福建	农副食品加工业、食品制造业、酒、饮料和精制茶制造业、纺织业、纺织服装、服饰业、皮革、毛皮、羽毛及其制品和制鞋业、木材加工和木、竹、藤、棕、草制品业、家具制造业、造纸和纸制品业、印刷和记录媒介复制业、文教、工美、体育和娱乐用品制造业、化学纤维制造业、橡胶和塑料制品业
江西	纺织服装、服饰业、皮革、毛皮、羽毛及其制品和制鞋业、木材加工和木、竹、藤、棕、草制品业、家具制造业、印刷和记录媒介复制业、文教、工美、体育和娱乐用品制造业
广西	农副食品加工业、酒、饮料和精制茶制造业、烟草制品业、木材加工和木、竹、藤、棕、草制品业、造纸和纸制品业、非金属矿物制品业、黑色金属冶炼和压延加工业、有色金属冶炼和压延加工业

（续表）

省份	优势产业
海南	农副食品加工业、食品制造业、烟草制品业、造纸和纸制品业、石油加工、炼焦和核燃料加工业、非金属矿物制品业
湖南	造纸和纸制品业、非金属矿物制品业、有色金属冶炼和压延加工业、专用设备制造业
四川	酒、饮料和精制茶制造业、家具制造业、印刷和记录媒介复制业、医药制造业、黑色金属冶炼和压延加工业、通用设备制造业、专用设备制造业、其他制造业
云南	酒、饮料和精制茶制造业、烟草制品业、印刷和记录媒介复制业、化学原料和化学制品制造业、医药制造业、黑色金属冶炼和压延加工业、有色金属冶炼和压延加工业
贵州	酒、饮料和精制茶制造业、烟草制品业、化学原料和化学制品制造业、医药制造业、非金属矿物制品业、黑色金属冶炼和压延加工业

二、泛珠三角制造业 *EG* 指数

EG 指数是由 Ellison 和 Glaeser（1997）两位学者为弥补空间基尼系数的不足性，在赫芬达尔指数的基础上提出的一种用于测度产业集聚的计量方法，综合了空间基尼系数与赫芬达尔指数的优点，*EG* 指数值能较好地反映出产业在区域间和时序上的集聚状况，具体计算公式为

$$EG=\frac{G-(1-\sum_{i}x_i^2)H}{(1-\sum_{i}x_i^2)(1-H)} \tag{4-2}$$

其中，X_i 为地区产值占全国产值的比重，G 为基尼系数，H 为赫芬达尔指数，论文参照杨洪焦（2008）的处理方法。*EG* 指数共有三个划分标准，若 $0<EG<0.02$，说明该产业在区域内不存在集聚现象或集聚水平低，属于低集聚产业；$0.02<EG<0.05$，说明区域内的各产业分布较为均匀，属于中集聚产业；$0.05<EG<1$，说明区域内存在高水平的产业集聚现象，属于高集聚产业。

根据公式（4-2），运用各省及全国制造业 2008—2017 年相关数据，计

算出 2008—2017 年泛珠三角制造业 29 个行业的 *EG* 指数，如表 4-6 所示。

表 4-6　泛珠三角 2008—2017 年制造业 *EG* 指数

行业\年份	2008	2009	2010	2011	2012	2013	2014	2015	2016	2017	均值
C13	0.008	0.007	0.006	0.006	0.006	0.006	0.006	0.007	0.008	0.009	0.007
C14	0.015	0.015	0.014	0.013	0.012	0.013	0.012	0.013	0.012	0.015	0.013
C15	0.022	0.026	0.026	0.025	0.026	0.029	0.027	0.028	0.030	0.038	0.028
C16	0.049	0.048	0.044	0.041	0.046	0.042	0.040	0.040	0.044	0.042	0.044
C17	0.009	0.010	0.011	0.009	0.007	0.008	0.009	0.009	0.010	0.013	0.009
C18	0.046	0.047	0.048	0.059	0.039	0.042	0.043	0.045	0.043	0.050	0.046
C19	0.079	0.079	0.083	0.095	0.073	0.075	0.075	0.080	0.082	0.097	0.082
C20	0.015	0.014	0.013	0.013	0.011	0.011	0.013	0.016	0.018	0.026	0.015
C21	0.082	0.073	0.071	0.062	0.053	0.061	0.061	0.063	0.063	0.071	0.066
C22	0.036	0.030	0.033	0.027	0.025	0.024	0.028	0.030	0.031	0.040	0.030
C23	0.070	0.069	0.062	0.055	0.039	0.048	0.036	0.032	0.030	0.034	0.048
C24	0.137	0.126	0.130	0.904	0.109	0.108	0.092	0.072	0.064	0.073	0.182
C25	0.008	0.009	0.010	0.009	0.009	0.009	0.008	0.007	0.006	0.006	0.008
C26	0.012	0.011	0.010	0.010	0.008	0.008	0.008	0.009	0.008	0.008	0.009
C27	0.010	0.010	0.010	0.009	0.008	0.008	0.008	0.008	0.008	0.000	0.008
C28	0.006	0.006	0.006	0.006	0.009	0.011	0.017	0.021	0.022	0.025	0.013
C29	0.044	0.044	0.041	0.030	0.026	0.028	0.027	0.029	0.031	0.034	0.033
C30	0.017	0.016	0.016	0.013	0.012	0.013	0.014	0.015	0.016	0.018	0.015
C31	0.003	0.003	0.004	0.004	0.004	0.004	0.005	0.006	0.007	0.006	0.005
C32	0.019	0.019	0.017	0.017	0.015	0.016	0.016	0.016	0.016	0.022	0.017

（续表）

行业\年份	2008	2009	2010	2011	2012	2013	2014	2015	2016	2017	均值
C33	0.047	0.046	0.045	0.037	0.022	0.024	0.025	0.027	0.027	0.034	0.033
C34	0.007	0.006	0.005	0.007	0.008	0.008	0.008	0.008	0.009	0.011	0.008
C35	0.011	0.012	0.013	0.013	0.013	0.013	0.013	0.013	0.014	0.019	0.013
C36	0.013	0.012	0.011	0.009	0.008	0.008	0.008	0.009	0.010	0.011	0.010
C37	0.062	0.054	0.052	0.043	0.033	0.035	0.035	0.035	0.038	0.037	0.042
C38	0.131	0.131	0.126	0.119	0.110	0.117	0.114	0.117	0.120	0.129	0.121
C39	0.080	0.060	0.052	0.008	0.010	0.011	0.011	0.011	0.013	0.015	0.027
C40	0.081	0.072	0.082	0.011	0.023	0.032	0.034	0.034	0.035	0.041	0.044
C41	0.087	0.099	0.133	0.088	0.086	0.085	0.091	0.103	0.094	0.083	0.095
均值	0.042	0.040	0.041	0.060	0.029	0.031	0.030	0.031	0.031	0.035	0.037

表 4-6 给出了泛珠三角制造业 29 个行业 2008—2017 年间的 *EG* 指数，从中可以看出，泛珠三角制造业各行业的集聚水平整体呈上下波动的趋势，极个别行业如：C27 医药制造业、C28 化学纤维制造业、C38 计算机、通信和其他电子设备制造业、C39 仪器仪表制造业等行业的 *EG* 指数有小幅度的上升或下降。在所有的制造业行业中，C24 文教、工美、体育和娱乐用品制造业的 *EG* 指数最大，为 0.182；C31 黑色金属冶炼和压延加工业的 *EG* 指数最小，仅为 0.005。

根据 *EG* 指数的划分标准，可知在泛珠三角所有的制造业行业中，有 14 个行业的 *EG* 指数小于 0.02，表明这 14 个行业的集聚程度低或未出现集聚现象，即在空间分布上较为分散，为低集聚产业；有 10 个行业的 *EG* 指数处于 0.02～0.05，表明这些行业在泛珠三角空间分布上较为均匀，为中集聚产业；有 5 个行业的 *EG* 指数大于 0.05，表明这 5 个行业的集聚程度高，为高集聚产业。根据表 4-6 制造业各行业 2008—2017 年 *EG* 指数平均值整理汇总，制造业各行业集聚水平具体划分如表 4-7 所示。

表 4-7　泛珠三角制造业各行业划分

产业集聚	行业名称
低集聚产业 （$EG<0.02$）	农副食品加工业、食品制造业、纺织业、木材加工和木、竹、藤、棕、草制品业、石油加工、炼焦和核燃料加工业、化学原料和化学制品制造业、医药制造业、化学纤维制造业、非金属矿物制品业、黑色金属冶炼和压延加工业、有色金属冶炼和压延加工业、通用设备制造业、专用设备制造业、交通运输设备制造业
中集聚产业 （$0.02<EG<0.05$）	酒、饮料和精制茶制造业、烟草制品业、纺织服装、服饰业、造纸和纸制品业、印刷和记录媒介复制业、橡胶和塑料制品业、金属制品业、电气机械和器材制造业、仪器仪表制造业、其他制造业
高集聚产业 （$0.05<EG$）	皮革、毛皮、羽毛及其制品和制鞋业、家具制造业、文教、工美、体育和娱乐用品制造业、计算机、通信和其他电子设备制造业、废弃资源综合利用业

对比运用区位熵测算的表 4-3、表 4-4 和运用 *EG* 指数测算的表 4-6 可知，二者测算的关于泛珠三角制造业行业层面的优势产业的结论几乎一致。区位熵与 *EG* 指数计算的产业集聚水平结果都表明泛珠三角集聚水平较高的行业有 C15 酒、饮料和精制茶制造业、C16 烟草制品业、C18 纺织服装、服饰业、C19 皮革、毛皮、羽毛及其制品和制鞋业、C21 家具制造业、C22 造纸和纸制品业、C23 印刷和记录媒介复制业、文 C24 教、工美、体育和娱乐用品制造业、C29 橡胶和塑料制品业、C37 电气机械和器材制造业、C38 计算机、通信和其他电子设备制造业、C40 其他制造业、C41 废弃资源综合利用业；二者计算结果都表明集聚程度较低的行业有 C13 农副食品加工业、C14 食品制造业、C17 纺织业、C25 石油加工、炼焦和核燃料加工业、C26 化学原料和化学制品制造业、C27 医药制造业、C28 化学纤维制造业、C31 黑色金属冶炼和压延加工业、C34 通用设备制造业、C36 交通运输设备制造业。

因两种测算方法对泛珠三角制造业各行业的集聚水平几乎一致，区位熵和 *EG* 指数的测算结果都能作为衡量泛珠三角制造业产业集聚水平的依据。从表 4-2 可以看出广东的集聚水平最高，贵州的集聚水平最低。

从行业层面来看，泛珠三角制造业中的优势产业有 C15 酒、饮料和精制茶制造业；C16 烟草制品业；C18 纺织服装、服饰业；C19 皮革、毛皮、羽毛及其制品和制鞋业；C20 木材加工和木、竹、藤、棕、草制品业；C21 家具制造业；C22 造纸和纸制品业；C23 印刷和记录媒介复制业；C24 文教、工美、体育和娱乐用品制造业；C29 橡胶和塑料制品业；C30 非金属矿物制品业；C37 电气机械和器材制造业、计算机；C38 通信和其他电子设备制造业；C41 废弃资源综合利用业等，共 16 个产业。

泛珠三角制造业集聚水平较高的行业有 C24 文教、工美、体育和娱乐用品制造业；C29 橡胶和塑料制品业；C37 电气机械和器材制造业；C38 计算机、通信和其他电子设备制造业；C41 废弃资源综合利用业等。

产业集聚水平较低的行业有 C26 化学原料和化学制品制造业；C27 医药制造业；C28 化学纤维制造业；C31 黑色金属冶炼和压延加工业等。

第二节　泛珠三角绿色发展特征

2016 年，国务院印发《关于深化泛珠三角区域合作的指导意见》，明确“生态优先、绿色发展”的基本原则，泛珠三角坚持在发展中保护，在保护中发展，大幅提高能源利用效率，加强生态环境协同监管和综合治理，共建环境保护市场机制和生态补偿机制，推动绿色发展，形成有利于节约资源和保护生态环境的空间格局、产业结构和生产生活方式。泛珠三角制造业要充分考虑“生态优先、绿色发展”的基本原则。

一、泛珠三角工业绿色发展效率测算

1. 测算指标

与传统的绿色发展效率不同，工业绿色发展效率的评价指标体系应该立足于工业的投入产出视角，在考虑工业经济效益和绿色发展的前提下，针对工业的行业特征及属性，选取具有行业代表性的指标。参考相关文献，

本章选取以下指标构建泛珠三角工业绿色发展效率的评价指标体系（表4-8），具体如下。

（1）劳动投入指标

生产活动的第一要素是劳动要素，劳动是工业生产活动的必要要素。测算劳动投入应该综合考虑劳动时间、效率、人数等因素，但因中国城市面板数据的可获得性，本节采用工业年末就业人数作为劳动投入的代理变量。

（2）资本投入指标

工业的生产发展需要大量的资本投入，本节采用工业固定资产投资作为资本投入指标的代理变量。

（3）能源投入指标

工业生产离不开能源的投入，本节采用工业能源消费总量作为能源投入的代理变量。

（4）期望产出指标

工业的期望产出主要是工业的经济产出，本节选取规模以上工业企业主营业务收入，代表地区工业企业工业活动的经济情况作为期望产出。

（5）非期望产出指标

工业在生产过程中往往会带来环境污染问题，“工业三废”排放量有直接的官方统计数据。因此，本节选用工业废水排放量、工业二氧化硫排放量、工业固体废弃物产生量三类具有代表性的污染指标，并利用熵权法得出环境污染综合指数作为非期望产出的代理变量，以更为全面、客观地反映各省份的环境污染状态。

表4-8 泛珠三角工业绿色发展效率评价指标体系

指标类型	指标类别	具体指标	单位
投入指标	劳动投入	工业年末就业人数	万人
	资本投入	工业固定资产投资	亿元
	能源投入	工业能源消费总量	万吨标准煤
产出指标	期望产出	主营业务收入	亿元
	非期望产出	环境污染综合指数	—

2. 测算方法

(1) 超效率 SBM 模型

针对传统 DEA 模型存在的问题，Tone 提出了考虑变量松弛的非导向、非径向的 SBM 模型，但是其不能对多个效率值为 1 的决策单元进行排序和区分，基于此 Tone 提出了超效率 SBM 模型，该模型在传统 SBM 模型的基础上得以进一步完善，解决了多个有效单元间的排序问题。因此本章选择超效率 SBM 模型测算工业绿色发展效率，其具体公式如下：

$$\rho = \min \frac{\frac{1}{m}\sum_{i=1}^{m}(\overline{x}/x_{ig})}{\frac{1}{s_1+s_2}\left(\sum_{p=1}^{s_1}\overline{y}^d/y_{pg}^d + \sum_{q=1}^{s_2}\overline{y}^r/y_{qg}^r\right)}$$

$$\begin{cases} \overline{x} \geqslant x_g,\ \overline{y}^d \leqslant y_g^d,\ \overline{y}^r \geqslant y_g^r; \\ u_j \geqslant 0,\ i=1,\ 2,\ \cdots,\ m;\ j=1,\ 2,\ \cdots,\ n,\ j \neq 0; \\ \qquad p=1,\ 2,\ \cdots,\ s_1;\ q=1,\ 2,\ \cdots,\ s_2; \\ \overline{x} \geqslant \sum_{j=1,\ \neq g}^{n} x_{ij}\mu_j,\ \overline{y}^d \leqslant \sum_{j=1,\ \neq g}^{n} y_{pj}^d\mu_j,\ \overline{y}^r \geqslant \sum_{j=1,\ \neq k}^{n} y_{qj}^r\mu_j. \end{cases} \tag{4-3}$$

其中，n 表示决策单元 DMU 的数量，每个决策单元由投入 m、期望产出 s_1 和非期望产出 s_2 构成。x 表示投入矩阵中的元素，y^d 表示期望产出矩阵中的元素，y^r 表示非期望产出矩阵中的元素，μ 表示所对应投入或产出元素的系数，ρ 为工业绿色发展效率，ρ 越大，表明工业绿色发展效率越高。

(2) 全局参比 Malmquist 指数

超效率 SBM 模型测算的工业绿色发展效率值反映的是工业绿色发展的静态变化，是对各地区效率值的横向比较。但是任何事物的发展都是一个长期持续的过程，因此，本章选择能反映效率动态变化状况的 Malmquist 指数模型，以进一步研究泛珠三角区域工业绿色发展效率的动态变化趋势。由于传统的 Malmquist 指数存在线性规划无可行解以及指数间不具有传递性和循环性的问题，所以本章采用全局参比 Malmquist 指数，其具体公式如下：

$$M(x_t, \ y_t, \ x_{t+1}, \ y_{t+1}) = (M_t, \ M_{t+1})^{\frac{1}{2}}$$
$$= \sqrt{\frac{D_o^t(x_{t+1}, \ y_{t+1})}{D_o^t(x_t, \ y_t)}} \times \sqrt{\frac{D_o^{t+1}(x_{t+1}, \ y_{t+1})}{D_o^{t+1}(x_t, \ y_t)}} \tag{4-4}$$

ML 指数可以分为技术进步变化（*TC*）和技术效率变化（*EC*）两个部分，技术效率变化（*EC*）又可分为纯技术效率变化（*PC*）和规模效率变化（*SC*）两部分，具体表达式如下：

$$ML = TC \times EC$$
$$= \sqrt{\frac{D_o^t(x_{t+1}, \ y_{t+1})}{D_o^{t+1}(x_{t+1}, \ y_{t+1})} \times \frac{D_o^t(x_t, \ y_t)}{D_o^{t+1}(x_t, \ y_t)}}$$
$$\times \left(\frac{D_o^t(x_{t+1}, \ y_{t+1})}{D_o^t(x_t, \ y_t)} \times \frac{D_o^t(x_t, \ y_t)}{D_o^t(x_{t+1}, \ y_{t+1})}\right) \tag{4-5}$$

$$EC = PC \times SC = \frac{D_o^t(x_{t+1}, \ y_{t+1})}{D_o^t(x_t, \ y_t)} \times \frac{D_o^t(x_t, \ y_t)}{D_o^t(x_{t+1}, \ y_{t+1})} \tag{4-6}$$

$ML > 1$ 表示绿色全要素生产率有所改善，$ML < 1$ 表示绿色全要素生产率恶化。技术进步反映了地区绿色发展技术的创新以及应用情况；技术效率则反映了地区政府的管理方法以及作出政策决策的正确性。$TC > 1$ 表示绿色技术进步，$TC < 1$ 表示绿色技术退步；$EC > 1$ 表示技术效率提升，$EC < 1$ 表示技术效率下降。

3. 数据结果

本节对 2008—2017 年泛珠三角 9 省份的工业绿色发展效率进行测算。为保证相关测算数据的可靠性以及可获取性，本章所用原始数据主要源于 2009—2018 年的《中国统计年鉴》《广东统计年鉴》《福建统计年鉴》《江西统计年鉴》《广西统计年鉴》《海南统计年鉴》《湖南统计年鉴》《四川统计年鉴》《云南统计年鉴》《贵州统计年鉴》以及各省份的环境统计公报。根据收集整理的相关数据，泛珠三角工业绿色发展效率评价指标体系的描述性统计如表 4-9 所示。

表 4-9　泛珠三角工业绿色发展效率评价指标体系的描述性统计

指标类别	具体指标	单位	最大值	最小值	平均值	标准差
劳动投入	工业年末就业人数	万人	2 294.680	26.824	616.002	628.779 4
资本投入	工业固定资产投资	亿元	68 311.383	112.836	5 247.022	7 446.330
能源投入	工业能源消费总量	万吨标准煤	18 809.344	590.980	8 046.608	4 715.480
期望产出	主营业务收入	亿元	133 924.37	1 322.83	27 442.1	29 749.00
非期望产出	环境污染综合指数	—	0.298 4	0.020	0.111	0.066

二、泛珠三角工业绿色发展效率地区差异

根据前文选取的测算模型（式 4-3）与投入产出指标（表 4-8），本章利用 Max-DEA8.0 软件测算出 2008—2017 年泛珠三角 9 省份的工业绿色发展效率值，具体结果如表 4-10 所示。

表 4-10　泛珠三角各省份 2008—2017 年工业绿色发展效率值

省份\年份	2008	2009	2010	2011	2012	2013	2014	2015	2016	2017	均值
广东	1.662	1.652	1.725	2.183	1.498	1.498	1.504	1.510	1.510	1.505	1.625
福建	0.692	0.872	0.749	0.852	0.780	0.734	0.672	0.679	0.707	0.720	0.746
江西	1.012	1.142	1.063	1.116	1.143	1.123	1.121	1.123	1.157	1.162	1.116
广西	1.724	1.099	1.078	0.767	0.813	0.712	0.709	0.735	0.679	0.527	0.884
海南	1.102	1.002	1.638	1.626	1.792	1.551	1.606	1.751	1.755	1.713	1.554
湖南	0.408	0.550	0.553	0.710	0.693	0.698	0.658	0.703	0.649	1.014	0.664
四川	1.211	1.285	1.688	1.128	1.274	1.398	1.331	1.420	0.704	1.252	1.269
云南	1.280	1.494	1.432	1.431	1.401	1.370	1.477	1.535	1.139	1.225	1.378

（续表）

省份\年份	2008	2009	2010	2011	2012	2013	2014	2015	2016	2017	均值
贵州	1.119	1.227	1.940	1.102	1.301	1.284	1.138	1.110	0.872	1.078	1.217
均值	1.134	1.147	1.318	1.213	1.188	1.152	1.135	1.174	1.019	1.133	1.161

2008—2017年间，泛珠三角工业绿色发展效率呈现波动起伏的动态发展状态，整体呈上升趋势。每年工业绿色发展效率的均值大于1，说明泛珠三角工业绿色发展效率处于较高水平。

泛珠三角9省份中，广东、江西、海南、云南4省的工业绿色发展效率始终大于1，具有较高的工业绿色发展水平。这与区域的产业结构具有很大的关系：一是城市的第三产业占比高，对能源的硬性需求小，工业污染排放得以有效减少，产业结构的升级推动经济的增长方式向绿色水平发展；二是产业集聚的正向规模效应，制造业的高质量、高水平集聚，有利于区域各企业间的密切合作以及职能分工，大力提高资源的利用效率和生产效率，在促进区域环境质量改善和技术水平提升的同时推动着区域工业绿色发展。

从各省市视角来看，泛珠三角各省市的工业绿色发展效率差异较大。广东工业绿色发展效率均值为1.625，在9省中排名第一。作为珠三角区域工业发展的先行、前沿省份，广东具有较好的工业基础设施和先进的管理方法，在经济发展过程中，积极响应国家的号召，积极打造泛珠三角“生态文明示范带”，注重资源节约与环境保护，充分发挥了绿色发展的标杆与龙头作用。江西、四川、海南、云南、贵州的工业绿色发展效率均值亦大于1。福建、湖南、广西等省份的工业绿色发展效率多数年份处于小于1的状态，经济发展模式需加以转变，以避免走“先污染，后治理”的传统经济发展方式。

为进一步探究泛珠三角各省环境效益随时间变化的动态特征，运用全局参比Malmquist-Luenberger指数模型［式（4-4）］对泛珠三角2008—2017年的工业绿色发展效率进行时间演变分析，具体结果如表4-11所示。

表 4-11　泛珠三角 2008—2017 年工业绿色发展 Malmquist 指数及其分解

年份＼指数	技术效率	技术进步	纯技术效率	规模效率	Malmquist 指数
2008—2009	1.353	0.794	1.153	1.173	1.074
2009—2010	1.403	0.719	0.920	1.526	1.008
2010—2011	1.163	1.079	0.929	1.252	1.255
2011—2012	1.082	1.054	1.011	1.070	1.140
2012—2013	0.949	1.162	0.945	1.004	1.103
2013—2014	1.006	1.093	1.393	0.722	1.099
2014—2015	0.992	1.040	0.739	1.342	1.031
2015—2016	1.020	1.097	1.115	0.915	1.119
2016—2017	1.042	0.981	0.927	1.123	1.021
均值	1.102	0.991	1.000	1.102	1.092

图 4-5 呈现出 2008—2017 年间泛珠三角工业绿色发展 Malmquist 指数的变化趋势。在 2010—2011 年期间指数达到最大值 1.255，表明泛珠三角工业绿色发展 Malmquist 指数在 2008—2011 年间整体处于上升状态，2012—2017 年处于放缓状态。2008—2017 年间，泛珠三角工业绿色发展

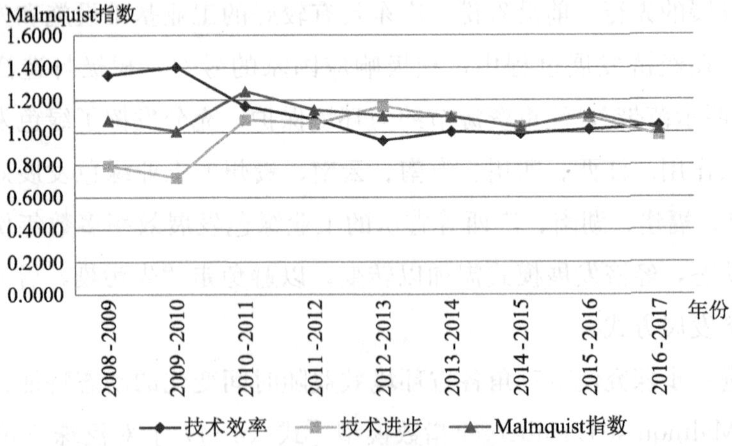

图 4-5　泛珠三角 2008—2017 年工业绿色发展 Malmquist 指数

Malmquist 指数值均大于 1，表明泛珠三角工业绿色发展 Malmquist 指数是逐年持续增长，整体呈现改善状态或上升趋势。

从分解项来看，2008—2017 年技术效率整体呈下降趋势，但除 2012—2013 年、2014—2015 年间技术效率变化指数小于 1 以外，其余年份都大于 1；技术进步整体呈上升趋势，技术进步变化指数除 2008—2009 年、2009—2010 年期间小于 1 以外，其余年份均大于 1 或接近于 1，并在 2012—2013 年间达到最大值 1.1624，表明在绿色发展技术应用方面，泛珠三角正在逐年提升。在 2008—2009 年、2009—2010 年间泛珠三角工业绿色发展 Malmquist 指数的增长主要依靠技术效率的提升；2012—2013 年、2014—2015 年间主要依靠技术进步的变化；其他年份均是技术效率与技术进步的共同促进作用。从图 4-5 可以看出，在 2008—2010 年间，泛珠三角工业绿色发展 Malmquist 指数与技术进步指数的变化趋势一致，但技术效率变化指数大于 1，而技术进步变化指数小于 1；同时，在 2010—2017 年间，工业绿色发展 Malmquist 指数与技术效率指数的变化趋势基本一致，而技术进步变化幅度较小，较难从整体上对工业绿色发展全要素效率产生较大的影响，共同说明了泛珠三角工业绿色发展 Malmquist 指数的变化趋势在很大程度上取决于泛珠三角技术效率的变化。因此，既要注重技术效率的提升，又要注重科研技术的创新与发明，从而共同促进泛珠三角工业绿色发展 Malmquist 指数的增长。

综合表 4-12 和图 4-6 可以看出，2008—2017 年泛珠三角工业绿色发展 Malmquist 指数平均值为 1.092，在近 10 年间泛珠三角整体工业绿色发展效率是上升状态，年平均增长率是 9.2%；技术效率变化指数的年平均值为 1.102，提升幅度较大，年平均增长为 10.2%；而技术进步变化指数年平均值小于 1，表明泛珠三角的技术进步水平在退步。因此，在 2008—2017 年间泛珠三角工业绿色发展 Malmquist 指数的提高主要是依靠技术效率。这与泛珠三角各地区较好的城市管理水平、因地制宜的政策制定等因素有关。

表 4-12 泛珠三角各省份 2008—2017 年工业绿色发展 Malmquist 指数及其分解

省份\指数	技术效率	技术进步	纯技术效率	规模效率	Malmquist 指数
广东	0.982	1.048	0.989	0.993	1.029
福建	1.033	1.020	1.004	1.028	1.054
江西	1.115	1.027	1.015	1.098	1.144
广西	1.095	1.012	0.877	1.249	1.108
海南	0.848	0.870	0.961	0.882	0.738
湖南	1.214	0.958	1.106	1.097	1.163
四川	1.070	1.021	1.004	1.066	1.092
云南	1.366	0.975	1.065	1.283	1.331
贵州	1.291	1.000	0.996	1.297	1.291
均值	1.102	0.991	1.000	1.102	1.092

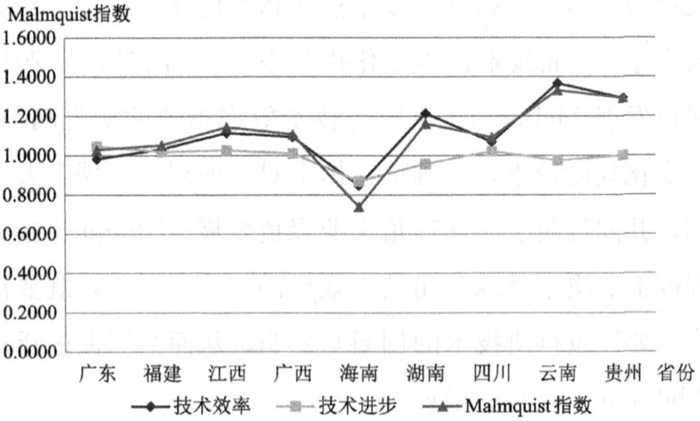

图 4-6 泛珠三角各省份 2008—2017 年工业绿色发展 Malmquist 指数及其分解项变化趋势

就各省份而言，2008—2017 年间，除海南以外，泛珠三角各省份的的工业绿色发展 Malmquist 指数均大于 1，在研究期间，广东、福建、江西、湖南、四川、云南及贵州的工业绿色发展 Malmquist 指数均有不同程度的提升。其中，江西（14.4%）、广西（10.8%）、湖南（16.3%）、云南（33.1%）、贵州（29.1%）的年均增长率均高于泛珠三角平均年均增长率。其中云南的年平均增长率最高，是泛珠三角工业绿色发展 Malmquist 指数提升最快的省份，云南的技术效率变化指数为 1. 366，大于 1，而技术进步变化指数为 0. 975，小于 1，云南工业绿色发展 Malmquist 指数的提升主要是依靠技术效率，技术效率的增长是工业绿色发展 Malmquist 指数提升的根本原因。

从分解指标来看，泛珠三角技术效率变化指数大于 1 的有福建、江西、广西、湖南、四川、云南、贵州 7 个省份，广东和海南的技术效率变化指数均小于 1。而另一分解指标技术进步变化指数分为大于 1、等于 1 和小于 1 三种情况。大于 1 的有广东、福建、广西、江西、四川 5 个省份；小于 1 的有海南、湖南、云南 3 个省份；只有贵州等于 1。

基于此，可以将泛珠三角各省份工业绿色发展分为以下三种类型：一是技术效率增长型，湖南、云南、贵州的技术进步变化指数均小于 1 或等于 1，工业绿色发展 Malmquist 指数的增长主要依靠技术效率；二是技术进步增长型，广东技术效率变化指数小于 1，工业绿色发展全要素的增长主要依靠技术进步；三是共同增长型，福建、江西、广西、四川的技术效率、技术进步变化指数均大于 1，共同促进工业绿色发展 Malmquist 指数的增长。

第三节　泛珠三角制造业发展的对策建议

1. 差异化的政策导向

充分发挥广州、深圳在管理创新、科技进步、产业升级、绿色发展等方面的辐射带动和示范作用，携手港澳共同打造粤港澳大湾区，建设世界级城市群。广东可根据自身制造业集聚水平和环境承载能力，进一步促进制造业产业结构升级，优先发展高新技术产业和先进制造业；依靠雄厚的产业基础设施、先进的产业技术和管理方法，提升自主创新能力和技术水平及效率，提高资源利用效率，减少资源浪费，降低环境污染，促进制造业能级提升。

促进城市群之间和城市群内部分工协作。构建以粤港澳大湾区为龙头，以珠江—西江经济带为腹地，带动中南、西南地区发展，辐射东南亚、南亚的重要经济支撑带。江西、福建、四川、湖南等省份，作为中国东部发达城市的产业转移主要承接地，需要提高产业转入门槛，对转入产业严格把关，尊重市场机制，淘汰高能耗、高污染产业；根据区位特点，制定相应的发展规划，寻求合适的制造业集聚状态，避免成为产业转移过程中的"污染避难所"；加强建设产业链体系，完善产业基础设施。但需要注意，在适度扩大制造业集聚规模的同时，也需要提高企业的准入门槛，实施严格的环境规制政策，避免走先污染后治理的老路，降低产业集聚规模在扩张的过程中对绿色发展的阻碍作用。

2. 强化创新驱动力

完善区域制造业创新体系和产业协作体系。改造提升现有制造业集聚区，推进新型工业化产业示范基地建设。加大研发投入，强化企业自主创新能力，提高企业原始创新能力。加强深港创新圈等区域科技创新合作，优化科技资源配置。加强区域内国家国际科技合作基地的横向交流和联系。深化产学研合作，共建协同创新平台、产业技术创新战略联盟，联合开展产业重大共性科技攻关，推动科技成果转化和产业化。推动建立跨省区知识产权保护，促进知识产权服务与区域产业融合发展。建立统一的科技人才资源库，完善科技人才市场体系，推动科技人才交流与共享。

引导制造业企业成为技术创新的主体。泛珠三角各省份的R&D人才投入与经费投入虽逐年增加，但与国外发达国家相比，还有较大的差距。需积极鼓励企业在研发上的持续投入，让制造业企业成为技术创新的主体，大力推进工业技术创新；推动高校、科研机构与企业之间研发合作；加强技术交流，共享基础设施与技术创新成果，以提高资源的利用效率。

3. 加强绿色发展意识

泛珠三角各省份的工业绿色发展效率差异较大，但整体绿色发展效率是上升趋势。各省份的技术进步水平与技术效率水平各不相同，需根据自身具体情况，相应地加强技术进步和提升技术效率来促进工业绿色发展效率的持续增长。

动态处理制造业产业集聚与工业绿色发展效率之间的关系。泛珠三角区域整体工业绿色发展效率的提升，一方面要坚持可持续发展理念，打破各省份的区域割据格局，加强省市间的沟通协作，贯彻落实国务院印发《关于深化泛珠三角区域合作的指导意见》，各省份坚持优势互补的原则，使要素资源在各省市间自由流动，加大生态文明建设合作力度，培育和壮大泛珠三角区域整体的工业绿色发展能力。另一方面，要着力完善经济发展与环境保护的行政、经济规制体系，各省份实施差别化的政策体系，充分发挥自身优势，缩小经济发展水平与工业绿色发展效率之间的差距。泛珠三角 9 省份中除广东以外，其他省份都是东部发达城市及广东产业转移的承接地，所以这些省份应该综合考虑自身的环境承载力、市场有效需求等因素，在承接发达地区产业转移时提高产业转入门槛。

制定适度的环境规制，能够有效激励企业的生产与治污技术的革新。从而依靠技术收益来弥补高额的环境治理成本，以实现高效的绿色工业发展。对于环境规制的实施，泛珠三角各省份根据自身的特点，制定出合理、合适及差异化的环境规制政策，利用技术进步推动区域工业绿色发展效率。为弥补正式环境规制的不足，可以利用非正式环境规制对工业绿色发展的影响作用，如：挖掘市场型和公众参与型环境规制。市场型环境规制是以市场为导向，通过可交易的方式将企业的外部费用内部化，如排污税与环境保护补贴等，激励企业减少污染物排放，增强环境治理强度，从而实现环境的保护；公众参与型环境规制是指以社会群众与网络媒体为主体，提高其环保意识，并赋予其监督的权利，充分发挥公众对工业企业绿色生产、发展的软约束力。

4. 共同培育先进产业集群

加强产业协作，整合延伸产业链条，推进产业链上下游深度合作，培育形成优势互补、分工合理、布局优化的先进产业集群可以采取以下措施：

①各省份间打破行政壁垒，深化区域分工与合作，协调发展，完善区域间的产业链整合，减少重复建设，实现产业的优化组合；②各省份明确自身产业优势，淘汰落后低端产业，促进石化、电子等行业的转型升级。积极发展高新技术产业、先进制造业和智能制造业等战略新兴产业，并对其加大扶持力度，将产业中心转移至第三产业，增强第三产业的比重，推动环保产业的发展，从而提高泛珠三角整体产业水平；③加强工业与信息化的融合度，用现代信息网络技术提升工业技术水平，转变工业经济增长方式；④引导产业有序转移承接。做好区域产业规划，重视招商引资中的产业结构；以国家级、省级开发区为主要载体，建设承接产业转移示范区。建立产业转移跨区域合作机制；积极支持东部沿海地区产业及国内外知名企业生产基地向中西部地区有序转移，促进产业组团式承接和集群式发展。

第五章

成渝地区制造业发展特征与升级路径

第一节 成渝地区制造业发展特征

一、成渝地区制造业发展差异

成渝地区是西部地区发展水平最高、发展潜力较大的城镇化区域，具有承东启西、连接南北的区位优势，是实施长江经济带战略和“一带一路”倡议的重要组成部分。作为西部经济基础最好、经济实力最强的区域，成渝地区电子信息、装备制造等产业的综合实力较强，具有较强的国际国内影响力。

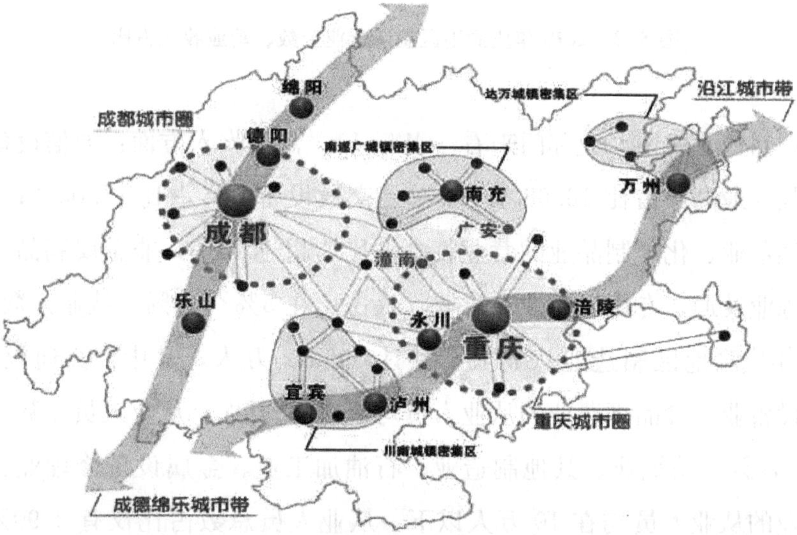

图 5-1 成渝地区行政示意图

2018年成渝地区规模以上制造业企业共有1.8万余家，占成渝地区两省市第二产业工业企业总数的90.80%，占西部地区制造业总数的38.61%。其中，四川制造业企业个数占区域总数的67.25%，重庆制造业企业个数占区域总数的32.75%。2018年成渝地区规模以上制造企业实现营业收入5.6万亿元，占成渝地区两省市第二产业工业企业全年总营业收入的91.42%，占西部地区制造业全年总营业收入的41.61%。其中，四川制造业营业收入占区域总营业收入的64.93%，重庆制造业营业收入为35.07%（图5-2）。

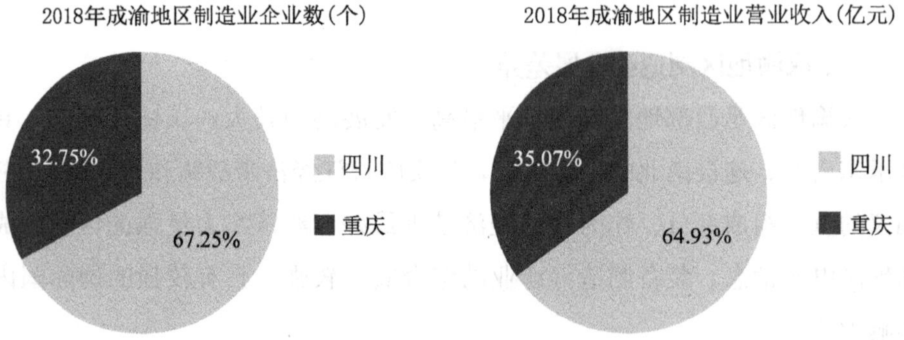

图5-2　2018年成渝地区制造企业个数、营业收入占比

从制造业各子产业部门来看（表5-1），营业收入方面：通信设备业的营业收入最高，占比16.68%，其次是交通设备业，占比15.05%；此外，食品烟草业、化学制品业的营业收入占比均超过10%，非金属制品业、金属冶炼业及通、专用设备业的营业收入占比在5%～10%。从业人数方面：2018年成渝地区制造业从业人员共计396.12万人，其中，交通设备业、通信设备业、食品烟草业的从业人员均超过50万人，从业人员总数占比达到43.72%，纺织业、其他制造业、石油加工业、金属设备修理业、仪器仪表业的从业人员均在10万人以下，从业人员总数占比仅有3.90%。数据源于2019年《四川省统计年鉴》《重庆市统计年鉴》。

表 5-1　2018 年成渝地区 17 个制造业部门发展概况

制造业部门	企业数（家）	从业人员（万人）	营业收入（亿元）	利润总额（亿元）
食品烟草业	3 106	54.5	8 137.91	753.35
纺织业	358	7.51	731.36	41.21
服装制造业	434	11.42	725.19	41.30
家具制造业	735	12.91	956.52	62.48
造纸业	883	14.49	1 664.49	113.14
其他制造业	122	2.04	305.90	20.02
石油加工业	73	1.74	870.73	28.53
化学制品业	2 526	49.33	6 741.16	623.29
非金属制品业	2 499	35.39	4 720.04	492.90
金属冶炼业	616	17.44	4 317.30	215.46
金属制品业	1 032	16.49	2 092.28	133.52
金属设备修理业	14	0.62	67.83	4.42
通、专用设备业	1 944	33.17	3 960.38	297.03
交通设备业	2 112	62.57	8 375.08	459.18
电气设备业	858	16.83	2 384.61	153.93
通信设备业	993	56.11	9 283.66	338.24
仪器仪表业	175	3.56	318.04	30.35
总计	18 480	396.12	55 652.48	3 808.35

本地增加值比率是衡量地区产业价值链分工程度的一个指标，是某一地区某产业在该地区所贡献的增加值占整个产业产出价值的比率。其代表的经济学意义为该产业对本地区这一产业价值链的重要性，增加值比率越低，说明地区产业价值链分工程度越高。

表 5-1 数据源于中国碳核算数据库（CEADs）网站发布的 2017 年《中国多区域投入产出表》，经整理后获得。计算结果如表 5-2 所示。

表 5-2 2017 年成渝地区制造业增加值比率

产业代码	制造业部门	增加值比率	产业代码	制造业部门	增加值比率
C01	食品烟草业	0.262 9	C10	金属冶炼业	0.239 0
C02	纺织业	0.189 2	C11	金属制品业	0.300 4
C03	服装制造业	0.187 0	C12	金属设备修理业	0.836 8
C04	家具制造业	0.226 6	C13	通、专用设备业	0.248 1
C05	造纸业	0.251 4	C14	交通设备业	0.243 1
C06	其他制造业	0.330 1	C15	电气设备业	0.199 0
C07	石油加工业	0.240 5	C16	通信设备业	0.148 0
C08	化学制品业	0.255 1	C17	仪器仪表业	0.283 8
C09	非金属制品业	0.299 9		—	—

成渝地区通信设备业、纺织业、服装业、电气设备业等部门的本地增加值比率较低，反映出成渝地区这些产业在国内价值链中的生产分工程度较高，其生产制造依赖于各地区相互之间的分工与合作，价值链更长，更加复杂。而“金属设备修理业”的增加值比率明显高于其余 16 个产业部门，说明成渝地区这一产业的国内价值链相对独立。

二、成渝地区与其他地区制造业的比较

成渝地区制造业具有一定的比较优势。如表 5-3 所示，2018 年成渝地区制造业各项指标在全国制造业的比重均在 5%以上，尤其是利润总额在全国制造业同一指标中的占比达到 6.69%。

表 5-3 2018 年成渝地区制造业各项指标在全国制造业中的比重

制造业部门	企业数	从业人员	营业收入	利润总额
食品烟草业	7.59%	8.52%	8.84%	11.25%
纺织业	1.87%	2.26%	2.62%	3.26%

（续表）

制造业部门	企业数	从业人员	营业收入	利润总额
服装制造业	1.86%	2.08%	2.45%	2.39%
家具制造业	4.76%	6.10%	5.87%	6.93%
造纸业	4.07%	3.80%	4.91%	5.95%
其他制造业	3.61%	4.79%	5.31%	6.51%
石油加工业	3.65%	2.12%	1.82%	1.26%
化学制品业	4.90%	5.45%	5.20%	6.31%
非金属制品业	7.13%	7.86%	9.64%	11.50%
金属冶炼业	5.10%	4.40%	3.61%	3.97%
金属制品业	4.35%	4.84%	6.09%	8.40%
金属设备修理业	3.88%	4.56%	6.15%	7.19%
通用、专用设备业	4.64%	4.81%	5.80%	6.51%
交通设备业	10.58%	10.83%	8.79%	6.79%
电气设备业	3.55%	3.08%	3.69%	4.10%
通信设备业	5.96%	6.57%	8.62%	7.07%
仪器仪表业	4.02%	4.06%	3.88%	3.89%
制造业整体	5.19%	5.58%	5.98%	6.69%

成渝地区制造业部门中，产业规模较大与产出价值较高的产业并不完全一致，存在较大差别，这与各类产业不同的产品特性、消费群体、市场规模、利润率等因素有关。从具体产业部门来看，交通设备业、食品烟草业、非金属制品业三大产业的企业数量、从业人员数量占全国的比重均较高。其中，三大产业企业数量占比分别为10.58%、7.59%、7.13%，从业人员占比分别为10.83%、8.52%、7.86%。服装制造业、纺织业的企业数量和从业人员占全国的比重较低。服装制造业的企业数量和从业人员数量占比仅为1.86%、2.08%，纺织业的企业数量和从业人员数量占比为1.87%和2.26%。但从营业收入占比和利润总额占比来看，非金属制品业的营业收入和利润总额占比最高，分别为9.64%和11.50%，石油加工业的营业收入和利润总额占比最低，分别为1.82%和1.26%。

成渝地区制造业与长三角、珠三角、京津冀的制造业可以采用绝对指标和相对指标进行分析比较。

1. 绝对指标比较

如表 5-4 所示，与长三角、珠三角、京津冀地区相比，成渝地区制造业产业规模、产出价值明显偏小，仍存在较大的差距。数据源于 2019 年各省市统计局网站发布的《统计年鉴》。

表 5-4　2018 年成渝地区制造业与长三角、珠三角、京津冀的绝对指标比较

地区	企业数（家）	从业人员（万人）	营业收入（亿元）	利润总额（亿元）
成渝地区	18 480	396.12	55 652.48	3 808.35
长三角地区	153 245	1 832.01	263 232.66	18 046.26
珠三角地区	46 346	1 253.82	126 711.69	7 310.72
京津冀地区	20 083	573.73	67 131.18	3 805.72

从企业数量来看，2018 年长三角地区制造企业数量 153 245 家，占全国的比重达到 43.06%，而成渝地区这一指标占全国的比重仅为 5.19%，分别比长三角地区、珠三角地区以及京津冀地区低 37.87%、7.83% 和 0.45%。

从从业人员数量来看，2018 年成渝地区制造企业从业人员数量为 396.12 万人，占全国的比重为 5.58%，也远远低于长三角地区的 1 832.01 家（占比 25.80%）、珠三角地区的 1 253.82 家（占比 17.66%）以及京津冀地区的 573.73 家（占比 8.08%）。

从营业收入来看，2018 年长三角地区、珠三角地区、京津冀地区制造企业营业收入明显高于成渝地区，分别高出 22.31%、7.63%、1.23%。

从利润总额来看，成渝地区制造企业利润总额为 3 808.35 亿元，占全国的比重为 6.69%，明显低于长三角地区的 18 046.26 亿元（占比 31.70%），也低于珠三角地区的 7 310.72 亿元（占比 12.83%），但略高于京津冀地区的 3 805.72 亿元（占比 6.68%）。

与长三角、珠三角、京津冀地区相比，成渝地区制造业无论是企业数、从业人员数，还是营业收入、利润总额方面存在一定差距。虽然制造业利润总额已与京津冀地区基本持平，但其他三项指标仍落后于京津冀地区。

2. 相对指标比较

单从绝对指标难以全面判断一个地区的产业发展状况，本节进一步采用增加值年平均增长率、R&D经费占营业收入比例、R&D人员折合全时当量平均增长比例、专利申请平均增长率等相对指标来进行比较研究，如表5-5所示。

表5-5 成渝地区与长三角、珠三角、京津冀地区制造业的相对指标比较

地区	增加值年平均增长率	R&D经费占营业收入比例	R&D人员折合全时当量平均增长比例	专利申请平均增长率
成渝地区	0.046	0.010 3	0.051 6	0.576
长三角地区	0.059	0.015 2	0.021 3	0.476
珠三角地区	0.059	0.014 8	0.045 9	1.501
京津冀地区	0.038	0.007 8	0.042 7	0.517

由表5-5可以看到，2018年成渝地区产业增加值年平均增长率为0.046，高于京津冀地区的0.038。从R&D经费占营业收入比例来看，成渝地区为0.010 3，高于京津冀地区的0.007 8；R&D人员折合全时当量平均增长比例，成渝地区为0.051 6，明显高于同期长三角、珠三角以及京津冀地区。从专利申请平均增长率来看，成渝地区为0.576，仅次于珠三角地区的1.501，高于长三角地区的0.476以及京津冀地区的0.517。这反映出成渝地区具有丰富的科技人才储备、科研成果产出丰富，发展势头较为强劲，尤其是高端制造产业发展优势较为明显。

综上，尽管从绝对指标来看，成渝地区制造业的发展规模还远不及长三角、珠三角以及京津冀地区。但从相对指标来看，成渝地区制造业在某些指标上已超过长三角、珠三角以及京津冀地区，反映出一定的发展潜力，未来成渝地区如能充分发挥地域差异特色以及政策优势，那么成渝地区制造业无论是在产业规模亦或是在竞争力上将获得质的提升。

第二节　成渝地区制造业产业关联与布局特征

本节利用投入产出分析方法，通过构建产业价值链分析指标（后向关联和前向关联）、感应度系数指标和影响力系数指标，分析成渝地区制造业发展的主导产业及区域特征。

一、成渝地区制造业产业关联分析

1. 产业关联分析指标

产业关联分析指标以国民经济各产业部门间投入与产出的均衡关系为基础，建立投入产出模型，以分析某一区域一定时期内的产业价值创造及产业之间的经济联系，包括后向关联效应和前向关联效应。

(1) 后向关联效应

① 后向直接关联

后向直接关联效应的测算指标一般采用直接消耗系数，又称投入系数，其经济学含义为，某产业部门生产单位产品所直接消耗的其他产业部门（包含本产业部门）的产品数量。直接消耗系数的计算公式如下：

$$a_{ij}=\frac{x_{ij}}{X_j}\quad (i,\ j=1,\ 2,\ \cdots,\ n) \tag{5-1}$$

用矩阵的形式表示为

$$\boldsymbol{A}=\boldsymbol{QX}^{-1} \tag{5-2}$$

其中，

$$\boldsymbol{A}=\begin{bmatrix} a_{11} & a_{12} & \cdots & a_{1n} \\ a_{21} & a_{22} & \cdots & a_{2n} \\ \vdots & \vdots & \ddots & \vdots \\ a_{n1} & a_{n2} & \cdots & a_{nn} \end{bmatrix} \tag{5-3}$$

$$
\boldsymbol{Q}=\begin{bmatrix} x_{11} & x_{12} & \cdots & x_{1n} \\ x_{21} & x_{22} & \cdots & x_{2n} \\ \vdots & \vdots & \ddots & \vdots \\ x_{n1} & x_{n2} & \cdots & x_{nn} \end{bmatrix} \tag{5-4}
$$

$$
\boldsymbol{X}^{-1}=\begin{bmatrix} \frac{1}{X_1} & 0 & \cdots & 0 \\ 0 & \frac{1}{X_2} & \cdots & a_{2n} \\ \vdots & \vdots & \ddots & \vdots \\ 0 & 0 & \cdots & \frac{1}{X_n} \end{bmatrix} \tag{5-5}
$$

上述公式中，a_{ij} 是直接消耗系数，$\boldsymbol{A}$ 是由直接消耗系数组成的矩阵，x_{ij} 为产业部门 j 在生产中所需消耗的产业部门 i 产品数量的价值，X_j 为产业部门 j 在生产中的总投入。a_{ij} 越大，表明产业部门 i 和产业部门 j 之间的后向直接关联效应越强，经济技术联系越密切。

直接消耗系数反映了国民经济各产业部门间的直接生产联系，从投入角度说明，某产业部门为生产单位产品，而对其他原材料提供部门所产生的后向直接关联影响。

② 后向完全关联

国民经济各产业部门间的联系除了有直接的消耗与被消耗联系以外，还存在着复杂的和层次众多的间接消耗与被消耗的联系。当产业部门 j 的生产需求增加时，不仅会促使为其直接提供中间品的产业部门 i 的产出增加，还会促使为产业部门 i 提供中间品的产业部门的产出增加，这种影响体现为产业部门间的间接消耗。引入完全消耗系数 $b_{ij}(i，\ j=1，\ 2，\ \cdots，\ n)$ 用以反映某一生产部门生产单位产品对其他生产部门产品的直接消耗量和全部间接消耗量之和，用 $\boldsymbol{B}$ 表示完全消耗系数矩阵，其对应的表达式为

$$
\boldsymbol{B}=(\boldsymbol{I}-\boldsymbol{A})^{-1}-\boldsymbol{I} \tag{5-6}
$$

其中，$\boldsymbol{I}$ 表示$n \times n$阶单位矩阵，$\boldsymbol{A}$ 表示直接消耗系数矩阵，完全消耗系数矩阵 $\boldsymbol{B}$ 实际上等于列昂锡夫逆矩阵减去一个单位矩阵。b_{ij} 越大，表明产业部门 j 对产业部门 i 的整体拉动作用越大。

(2) 前向关联效应

① 前向直接关联

前向直接关联效应的测算指标一般采用直接分配系数，它是指某产业部门所生产的产品分配给其他产业部门（包含本产业部门）作为中间使用的价值占其部门总产出的比重。直接分配系数的计算公式如下：

$$h_{ij}=\frac{x_{ij}}{X_i} \quad (i,\ j=1,\ 2,\ \cdots,\ n) \tag{5-7}$$

其中，h_{ij} 表示直接分配系数，x_{ij} 表示产业部门 i 将本部门产品分配给产业部门 j 作为中间使用的产品价值，X_i 表示产业部门 i 在生产中的总产出。h_{ij} 越大，表明产业部门 i 向产业部门 j 提供的中间使用品越多，对 j 产业部门的生产贡献程度越大，两产业部门间的前向直接关联效应也就越强。直接分配系数是从产出角度说明，某产业部门在其生产过程中，对将本产业部门产品作为中间使用品的其他产业部门所产生的前向直接关联影响。

② 前向完全关联

与后向完全关联效应类似，引入完全分配系数 $w_{ij}(i,\ j=1,\ 2,\ \cdots,\ n)$ 用以反映某一生产部门每增加单位产品产值所需向其他生产部门提供的直接分配量和全部间接分配量之和。用 $\boldsymbol{W}$ 表示完全消耗系数矩阵，其对应的表达式为

$$\boldsymbol{W}=(\boldsymbol{I}-\boldsymbol{H})^{-1}-\boldsymbol{I} \tag{5-8}$$

其中，$\boldsymbol{I}$ 表示$n \times n$ 阶单位矩阵，$\boldsymbol{A}$ 表示直接消耗系数矩阵。w_{ij} 越大，表明产业部门 i 和产业部门 j 之间的前向完全关联效应越强，即产业部门 i 对产业部门 j 的整体推动作用越大。

2. 感应度系数与影响力系数

(1) 感应度系数

感应度系数指国民经济其他所有产业部门（包括本产业部门）每增加1单位最终产品对某一产业部门产生的需求感应影响，其计算公式为

$$S_i = \frac{\sum_{j=1}^{n} \overline{b}_{ij}}{\frac{1}{n}\sum_{i=1}^{n}\sum_{j=1}^{n} \overline{b}_{ij}} \quad (i, \ j = 1, \ 2, \ \cdots, \ n) \tag{5-9}$$

其中，S_i 代表产业部门 i 的感应度系数，$\overline{b}_{ij}$ 为完全需要系数，即列昂锡夫逆矩阵中第 i 行第 j 列对应的值。S_i 越大，产业部门 i 受下游产业部门需求的波及感应越大，反之则越小。S_i 通常在1的上下波动，大于1说明该产业部门的感应度高于社会平均水平，对其他产业部门的供给推动作用明显；小于1说明该产业部门感应度低于社会平均水平，对其他产业部门的供给推动作用较小。

(2) 影响力系数

影响力系数指某一产业部门每增加1单位最终产品产出对其他各产业部门产生的需求波及影响程度，其计算公式为

$$R_j = \frac{\sum_{i=1}^{n} \overline{b}_{ij}}{\frac{1}{n}\sum_{j=1}^{n}\sum_{i=1}^{n} \overline{b}_{ij}} \quad (i, \ j = 1, \ 2, \ \cdots, \ n) \tag{5-10}$$

其中，R_j 代表的是产业部门 j 的影响力系数，$\overline{b}_{ij}$ 为完全需要系数，即列昂锡夫逆矩阵中第 i 行第 j 列对应的值。R_j 越大产业部门 j 产生的需求对上游产业部门的波及影响越大，反之则越小。R_j 通常在1的上下波动，大于1说明该产业部门的影响力高于社会平均水平，对其他产业部门的需求拉动作用明显；小于1说明该产业部门影响力低于社会平均水平，对其他产业部门的需求拉动作用较小。

3. 成渝地区制造业关联效应测度及分析

（1）数据来源

本章节使用的基础数据源于2007年、2012年和2017年《四川省投入产出表》与《重庆市投入产出表》，取自四川省、重庆市统计局官方网站。

由于成渝地区两省市在2007—2017年间发布的《投入产出表》在统计口径上存在一定差异，为此，有必要先对相关产业部门的行业界定作出合理的定义和划分。在原始数据中，2007年、2012年、2017年，四川省、重庆市两省市制造业分别包含18个产业部门、19个产业部门和18个产业部门。为统一数据口径，本节将《投入产出表》中“其他制造产品”“废品废料”合并归类为“其他制造产品和废品废料”，将“通用设备”“专用设备”合并归类为“通用、专用设备制造业”，将“研究与试验发展业”“综合技术服务业”合并归类为“科学研究和技术服务”。除此之外，其余产业部门各年份的部分划分是一致的，故不再进行合并归类处理。

经上述调整后，本节使用的《投入产出表》包含24个产业部门（制造业整体作为一个产业部门），其中界定的制造业包含17个产业部门，具体制造业产业部门如表5-6所示。

表5-6　投入产出表制造业对应产业部门界定

类别及代码	投入产出表对应产业部门	所属技术层次
C01	食品和烟草	低端技术制造业
C02	纺织品	低端技术制造业
C03	纺织服装鞋帽皮革羽绒及其制品	低端技术制造业
C04	木材加工和家具	低端技术制造业
C05	造纸印刷和文教体育用品	低端技术制造业
C06	其他制造产品和废品废料	低端技术制造业
C07	石油炼焦产品和核燃料加工品	中端技术制造业
C08	化学产品	中端技术制造业
C09	非金属矿物制品	中端技术制造业

（续表）

类别及代码	投入产出表对应产业部门	所属技术层次
C10	金属冶炼和压延加工品	中端技术制造业
C11	金属制品	中端技术制造业
C12	金属制品、机械和设备修理	中端技术制造业
C13	通用、专用设备制造业	高端技术制造业
C14	交通运输设备	高端技术制造业
C15	电气机械和器材	高端技术制造业
C16	通信设备、计算机和其他电子设备	高端技术制造业
C17	仪器仪表	高端技术制造业

同时，为进一步探究不同技术层次制造业的关联效应差异，本节将制造业分为低端技术制造业、中端技术制造业、高端技术制造业三类。其中，低端技术制造业包括食品和烟草、纺织品、纺织服装鞋帽皮革羽绒及其制品、木材加工和家具、造纸印刷和文教体育用品、其他制造产品和废品废料 6 个部门；中端技术制造业包括石油炼焦产品和核燃料加工品、化学产品、非金属矿物制品、金属冶炼和压延加工品、金属制品、金属制品、机械和设备修理 6 个部门；高端技术制造业包括通用、专用设备制造业、交通运输设备、电气机械和器材、通信设备、计算机和其他电子设备、仪器仪表 5 个部门。

(2) 各制造业部门的产业关联分析

本章节结合两省市 2007 年、2012 年和 2017 年《投入产出表》相关数据，从产业价值链（后向关联效应、前向关联效应）、感应度系数、影响力系数等方面对成渝地区两省市制造业的产业价值链关联效应进行深入分析。

① 后向关联效应分析

四川：利用式（5-1）、式（5-6）分别测算四川省制造业与相关产业的后向直接关联效应、后向完全关联效应，列出排名前 10 位的产业部门如表 5-7、表 5-8 所示。

表 5-7　2007—2017 年四川省制造业与相关产业后向直接关联系数

排名	产业部门	2007 年	产业部门	2012 年	产业部门	2017 年
1	制造业	0.390	制造业	0.481	制造业	0.497
2	农林牧渔产品和服务	0.084	农林牧渔产品和服务	0.079	农林牧渔产品和服务	0.077
3	批发和零售	0.055	电力、热力的生产和供应业	0.030	批发和零售	0.049
4	电力、热力的生产和供应业	0.031	金属矿采选产品	0.022	交通运输、仓储和邮政业	0.024
5	交通运输、仓储和邮政业	0.027	批发和零售	0.022	金融业	0.020
6	金属矿采选业	0.020	金融业	0.018	金属矿采选品	0.017
7	金融业	0.016	煤炭采选产品	0.015	电力、热力生产和供应业	0.016
8	石油和天然气开采业	0.015	石油和天然气开采产品	0.015	石油和天然气开采产品	0.015
9	煤炭开采和洗选业	0.014	非金属矿和其他矿采选产品	0.011	煤炭采选产品	0.011
10	住宿和餐饮业	0.008	交通运输、仓储和邮政业	0.011	租赁和商务服务	0.010
总计		0.661		0.703		0.737

由表 5-7 可以看出，2017 年，为四川省制造业提供直接中间消耗品最多的前 10 个产业部门分别为制造业、农林牧渔产品和服务、批发和零售、交通运输、仓储和邮政业、金融业、金属矿采选品、电力、热力生产和供应、石油和天然气开采产品、煤炭采选产品、租赁和商务服务，后向直接关联系数合计为 0.737。这表明前 10 位产业部门为制造业提供了 73.7%的生产要素。四川省制造业后向直接关联效应较为集中，其中，制造业对本部门的中间产品的消耗最多，2017 年制造业对制造业自身的直接消耗系数为 0.497，这表明四川省制造业产品的生产较为依赖其前几道内部工序提供的半成品。制造业对农林牧渔产品和服务的消耗是除其自身外最多的，

2017 年农林牧渔产品和服务为制造业提供了 7.7%的中间消耗品。农林牧渔产品和服务业是制造业生产的重要基础，为制造业的发展提供了原材料和发展动力。批发和零售、交通运输、仓储和邮政业、金融业分别排在第 3、第 4、第 5 的位置。

从后向关联效应的时序演化趋势来看，2007—2017 年 10 年间，四川省制造业与为其提供直接中间消耗品最多的前 10 大产业部门的后向直接关联系数之和由 2007 年的 0.661 增加为 2017 年 0.737，这一方面反映出四川省制造业与这些产业部门的后向直接关联效应在得到不断巩固和加强，另一方面也说明制造业对为其提高中间产品的主要消耗部门的整体拉动作用在进一步加强。

由表 5-8 可以看出，2017 年四川制造业与相关产业的密切后向完全关联效应最强的前 5 位产业部门与后向直接关联效应相比并未发生太大变化，排名前 5 位的产业部门依旧是制造业、农林牧渔产品和服务、批发和零售、金融业、交通运输、仓储和邮政业，只是交通运输、仓储和邮政业由第 3 位下降到第 4 位，金融业由第 4 位上升到第 3 位。

表 5-8 2007—2017 年四川制造业与相关产业后向完全关联系数

排名	产业部门	2007 年	产业部门	2012 年	产业部门	2017 年
1	制造业	0.852	制造业	1.232	制造业	1.273
2	农林牧渔产品和服务	0.199	农林牧渔产品和服务	0.212	农林牧渔产品和服务	0.206
3	批发和零售	0.128	电力、热力的生产和供应业	0.116	批发和零售	0.132
4	交通运输及仓储业	0.104	煤炭采选产品	0.072	金融业	0.097
5	电力、热力的生产和供应业	0.085	金融业	0.068	交通运输、仓储和邮政	0.084
6	金融业	0.057	批发和零售	0.066	电力、热力生产和供应业	0.056
7	煤炭采选产品	0.055	金属矿采选产品	0.054	租赁和商务服务	0.052

（续表）

排名	产业部门	2007 年	产业部门	2012 年	产业部门	2017 年
8	金属矿采选业	0.040	非金属矿和其他矿采选产品	0.042	金属矿采选品	0.049
9	住宿和餐饮业	0.032	石油和天然气开采产品	0.039	煤炭采选产品	0.043
10	石油和天然气开采业	0.031	交通运输、仓储和邮政	0.039	石油和天然气开采产品	0.036
总计		1.584		1.941		2.027

具体来看，四川制造业与其自身、农林牧渔产品和服务始终保持着较为密切的后向关联关系，它们的后向直接关联系数和后向完全关联系数始终居于国民经济 24 个产业部门的前 2 位。制造业对农林牧渔产品和服务的后向直接关联系数从 2007 年的 0.084 逐渐下降为 2017 年的 0.077，但仍居于第 2 位，反映出农林牧渔产品和服务对制造业仍有重要影响，但这种影响力有所减弱。制造业与交通运输、仓储和邮政相关产业的后向直接关联效应有所加强，后向直接关联系数由 2007 年的第 5 位上升为 2017 年的第 4 位，交通运输、仓储和邮政相关产业对制造业发展的影响作用越来越大。电力、热力的生产和供应业的后向直接关联系数由 2007 年的第 4 位下跌至 2017 年的第 7 位，反映出四川省制造业在集约化生产和节能减排方面取得较大进步，电力、热力的生产和供应业对制造业的生产制约作用已逐步得到减弱。金融业的后向直接关联系数从 2007 年的第 7 位上升为 2017 年的第 5 位，金融业对制造业生产发展的促进作用越来越明显，这也与此期间四川省制造业规模不断扩大的趋势相一致，制造业的发展扩大了对金融服务的需求，进而增加了对金融业产品的直接消耗。

重庆：同理，利用式（5-1）、式（5-6）分别测算重庆制造业的后向直接关联与后向完全关联效应，列出排名前 10 位的产业部门如表 5-9、表 5-10所示。

表 5-9 2007—2017 年重庆制造业与相关产业后向直接关联系数

排名	产业部门	2007 年	产业部门	2012 年	产业部门	2017 年
1	制造业	0.558	制造业	0.525	制造业	0.570
2	农林牧渔产品和服务	0.026	农林牧渔产品和服务	0.033	批发和零售	0.062
3	批发和零售	0.025	电力、热力的生产和供应业	0.031	电力、热力的生产和供应业	0.028
4	金属矿采选业	0.022	批发和零售	0.029	农林牧渔产品和服务	0.016
5	煤炭采选产品	0.021	交通运输、仓储和邮政业	0.021	交通运输、仓储和邮政业	0.016
6	交通运输、仓储和邮政业	0.019	金融业	0.013	金融业	0.015
7	电力、热力的生产和供应业	0.018	金属矿采选产品	0.011	租赁和商务服务	0.015
8	非金属矿及其他矿采选业	0.010	非金属矿和其他矿采选产品	0.010	煤炭采选产品	0.007
9	金融业	0.007	租赁和商务服务	0.008	金属矿采选产品	0.007
10	石油和天然气开采业	0.007	石油和天然气开采业	0.008	非金属矿和其他矿采选产品	0.005
总计		0.712		0.689		0.741

由表 5-9 可以看出，2017 年为重庆制造业提供直接中间消耗品最多的前 10 个产业部门分别为制造业、批发和零售、电力、热力的生产和供应、农林牧渔产品和服务、交通运输、仓储和邮政业、金融业、租赁和商务服务、煤炭采选产品、金属矿采选品、非金属矿和其他矿采选产品，直接消耗系数合计为 0.741，同样表明前 10 个产业部门为制造业提供了 74.1%的生产要素，重庆制造业后向直接关联效应较为集中。

制造业对本部门的中间产品的消耗最多，2017 年制造业对本产业部门自身中间产品的直接消耗系数为 0.570，表明重庆制造业产品的生产较为依赖其自身中间产品的消耗。此外，重庆制造业对批发和零售业中间产品的消耗在国民经济24个产业部门中排在第2位。电力、热力的生产和供应、农林牧渔产品和服务、交通运输、仓储和邮政业分别排在第3、第4、第5的位置，这一点与四川省有所不同，表明对于重庆市而言，相较于金融业，电力、热力的生产和供应、农林牧渔产品和服务、交通运输、仓储和邮政业对制造业的发展有着更大的制约作用。

表5-10　2007—2017年重庆制造业与相关产业后向完全关联系数

排名	产业部门	2007年	产业部门	2012年	产业部门	2017年
1	制造业	1.473	制造业	1.267	制造业	1.451
2	煤炭采选产品	0.108	电力、热力的生产和供应	0.129	批发和零售	0.178
3	农林牧渔产品和服务	0.083	农林牧渔产品和服务	0.095	电力、热力的生产和供应	0.174
4	电力、热力的生产和供应业	0.080	批发和零售	0.072	金融业	0.090
5	批发和零售	0.074	交通运输、仓储和邮政业	0.067	租赁和商务服务	0.087
6	交通运输、仓储和邮政业	0.072	金融业	0.051	交通运输、仓储和邮政业	0.083
7	金属矿采选业	0.057	煤炭采选产品	0.044	农林牧渔产品和服务	0.045
8	金融业	0.039	金属矿采选产品	0.031	煤炭采选产品	0.045
9	非金属矿及其他矿采选业	0.027	租赁和商务服务	0.029	居民服务、修理和其他服务	0.019
10	石油和天然气开采业	0.023	非金属矿和其他矿采选产品	0.027	非金属矿和其他矿采选产品	0.015
总计		2.034		1.814		2.189

由表5-10可以看出，制造业、批发和零售、电力、热力的生产和供应、农林牧渔产品和服务、金融业、租赁和商务服务等是重庆制造业对其后向完全关联效应最强的产业部门。与后向直接关联效应相比，后向完全

关联效应中出现了居民服务、修理和其他服务。

从后向关联效应的时序演化趋势来看，2007—2017 年 10 年间，重庆制造业与为其提供直接中间消耗品的前 10 大产业部门的后向直接关联系数之和由 2007 年的 0.712 增加为 2017 年 0.741，反映出重庆制造业与这些产业部门的后向直接关联效应在得到不断巩固和加强，另一方面也说明制造业对为其提高中间产品的主要消耗部门的整体拉动作用在进一步加强。

具体来看，重庆制造业与本产业部门始终保持着较为密切的后向关联关系。无论是后向直接关系系数，还是后向完全关联系数，都始终居于国民经济 24 个产业部门的前 2 位，反映出重庆制造业在其生产过程中对本产业部门的中间产品最为依赖。制造业与批发和零售业的后向直接关联系数由 2007 年的 0.025 增加为 2017 年的 0.062，增长一倍多，在国民经济 24 个产业部门中的排名由第 3 位上升至第 2 位，表明重庆制造业对批发和零售业较为依赖，二者的后向关联效应在此期间得到进一步提升。制造业对农林牧渔产品和服务的后向直接关联系数从 2007 年的 0.026 下降为 2017 年的 0.016，在国民经济 24 个产业部门中的排名则由第 2 位跌至第 4 位，反映出农林牧渔产品和服务对重庆制造业影响力逐步减弱。电力、热力的生产和供应业的后向直接关联系数由 2007 年的第 7 位上升至 2017 年的第 3 位，反映出电力、热力的生产和供应业对重庆制造业的生产制约作用较大，制造业在集约化生产和节能减排方面仍有较大进步空间。交通运输、仓储和邮政业的后向直接关联系数由 2007 年的第 6 位上升为 2017 年的第 5 位，整体变化不大。金融业的后向直接关联系数从 2007 年的第 9 位上升为 2017 年的第 6 位。无论是四川还是重庆，金融业对制造业生产发展的促进作用在 2007—2017 年间都有较为明显的提升。一方面，制造业的快速发展扩大了对金融业的需求，另一方面，金融业为制造业提供融资业务，促进了制造业生产能力和竞争能力的提高。

② 前向关联效应分析

四川：利用式（5-7）、式（5-8）分别测算四川制造业与相关产业的前向直接关联效应、前向完全关联效应，列出排名前10位的产业部门如表5-11、表5-12所示。

由表5-11可以看出，2017年四川使用制造业产品作为直接中间消耗品最多的10个产业部门分别为制造业、建筑业、农林牧渔产品和服务、住宿和餐饮、卫生和社会工作、交通运输、仓储和邮政业、信息传输、软件和信息技术服务、居民服务、修理和其他服务、租赁和商务服务、文化、体育和娱乐，其前向直接关联系数合计为0.771，表明四川制造业的直接前向关联高度集中于这10个产业部门。

具体来看，制造业、建筑业2个产业部门位列前向直接关联系数表的前2位，前向直接关联系数达到0.638，表明制造业有超过60%的中间消耗产品被供给给了制造业自身和建筑业生产使用。其中，2017年四川制造业各部门每生产1个单位产品，作为中间使用分配给本部门、建筑业的数量分别是0.497个单位、0.141个单位。此外，农林牧渔产品和服务、住宿和餐饮、卫生和社会工作、交通运输、仓储和邮政业等产业部门的前向直接关联系数也较大，凸显出这些产业部门对制造业的生产发展具有较大的拉动作用。

表5-11　2007—2017年四川制造业与相关产业前向直接关联系数

排名	产业部门	2007年	产业部门	2012年	产业部门	2017年
1	制造业	0.390	制造业	0.481	制造业	0.497
2	建筑业	0.142	建筑业	0.112	建筑业	0.141
3	农林牧渔产品和服务	0.042	农林牧渔产品和服务	0.033	农林牧渔产品和服务	0.032
4	交通运输、仓储和邮政业	0.028	住宿和餐饮	0.019	住宿和餐饮	0.030
5	住宿和餐饮	0.020	交通运输、仓储和邮政业	0.012	卫生和社会工作	0.015
6	卫生和社会工作	0.012	煤炭采选产品	0.012	交通运输、仓储和邮政业	0.014

（续表）

排名	产业部门	2007 年	产业部门	2012 年	产业部门	2017 年
7	批发和零售	0.011	非金属矿和其他矿采选产品	0.009	信息传输、软件和信息技术服务	0.012
8	公共管理和社会组织	0.011	卫生和社会工作	0.008	居民服务、修理和其他服务	0.012
9	石油和天然气开采业	0.008	信息传输、软件和信息技术服务	0.008	租赁和商务服务	0.010
10	煤炭采选产品	0.007	电力、热力的生产和供应	0.008	文化、体育和娱乐	0.008
总计		0.671		0.703		0.771

由表 5-12 可以看到，制造业、建筑业、农林牧渔产品和服务、住宿和餐饮的前向完全关联系数仍位列前 5 位，反映出这些产业部门的运行状况对制造业起着重要的制约作用。与前向直接关联系数不同，金融业出现在前向完全关联系数表中而未出现在前向直接关联系数表中，表明金融业对制造业产品的使用主要依靠间接消耗作用。从前向关联效应的时序演化趋势来看，四川制造业与使用其中间消耗品最多的前 10 大产业部门的前向直接关联系数之和由 2007 年的 0.671 增加为 2017 年的 0.771，反映出这些产业部门与四川制造业部门长期保持着较为密切的前向直接关联关系，并且这种关联关系得到了进一步增强。

在 2007—2017 年的 10 年间，制造业、建筑业、农林牧渔产品和服务一直是消耗制造业产品最多的 3 个产业部门，前向直接关联系数之和由 2007 年的 0.574 增加为 2017 年的 0.670，前向完全关联系数之和由 2007 年的 1.246 增加为 2017 年的 1.724，反映出制造业对本产业部门、建筑业以及农林牧渔产品和服务的依赖程度越来越大。住宿和餐饮的前向直接关联系数由 2007 年的 0.020 增加到 2017 年的 0.030，居于前向直接关联系数表的第 4 位，表明住宿和餐饮部门对制造业中间产品的消耗在此期间有所扩大。交通运输、仓储和邮政业的前向直接关联系数则由 2007 年的 0.028 下跌至 2017 年的 0.014，居于前向直接关联系数表的第 6 位，表明交通运输、仓储和邮政业对制造业中间产品的消耗越来越少，对制造业部门的拉动作用也越来越弱。

表 5-12　2007—2017 年四川制造业与相关产业前向完全关联系数

排名	产业部门	2007 年	产业部门	2012 年	产业部门	2017 年
1	制造业	0.852	制造业	1.232	制造业	1.273
2	建筑业	0.290	建筑业	0.279	建筑业	0.363
3	农林牧渔产品和服务	0.104	农林牧渔产品和服务	0.094	农林牧渔产品和服务	0.088
4	交通运输、仓储和邮政业	0.064	住宿和餐饮	0.051	住宿和餐饮	0.078
5	批发和零售	0.051	电力、热力的生产和供应	0.049	交通运输、仓储和邮政	0.044
6	住宿和餐饮业	0.046	煤炭采选产品	0.040	信息传输、软件和信息技术服务	0.042
7	公共管理和社会组织	0.032	交通运输、仓储和邮政	0.034	卫生和社会工作	0.037
8	电力、热力的生产和供应业	0.025	信息传输、软件和信息技术服务	0.027	金融业	0.035
9	卫生和社会工作	0.022	非金属矿和其他矿采选产品	0.026	居民服务、修理和其他服务	0.034
10	煤炭采选产品	0.020	批发和零售	0.025	租赁和商务服务	0.032
总计		1.507		1.857		2.027

同时也可看到，2007—2017 年，石油和天然气开采业、煤炭采选产品、非金属矿和其他矿采选产品、电力、热力的生产和供应、批发和零售业等产业部门在 2017 年已跌出前向直接关联系数表的前 10 位，显示出这些产业部门与制造业的前向产业联系已越来越小，难以再对制造业产生较强的拉动作用。

重庆：同理，利用式（5-7）、式（5-8）分别测算重庆制造业与相关产业的前向直接关联效应与前向完全关联效应，列出排名前 10 位的产业部门如表 5-13、表 5-14 所示。

表 5-13 2007—2017 年重庆制造业与相关产业密切前向直接关联系数

排名	产业部门	2007 年	产业部门	2012 年	产业部门	2017 年
1	制造业	0.528	制造业	0.525	制造业	0.570
2	建筑业	0.123	建筑业	0.175	建筑业	0.194
3	交通运输、仓储和邮政业	0.022	交通运输、仓储和邮政	0.016	卫生和社会工作	0.016
4	住宿和餐饮	0.013	农林牧渔产品和服务	0.009	住宿和餐饮	0.013
5	农林牧渔产品和服务	0.012	卫生和社会工作	0.006	交通运输、仓储和邮政业	0.010
6	卫生和社会工作	0.011	金融业	0.006	农林牧渔产品和服务	0.010
7	批发和零售	0.010	住宿和餐饮	0.006	科学研究和技术服务	0.009
8	信息传输、计算机服务和软件业	0.009	信息传输、软件和信息技术服务	0.005	信息传输、软件和信息技术服务	0.007
9	公共管理和社会组织	0.005	科学研究和技术服务	0.005	居民服务、修理和其他服务	0.006
10	教育	0.005	电力、热力的生产和供应	0.004	租赁和商务服务	0.005
总计		0.769		0.757		0.841

由表 5-13 可以看到，与四川不同，2017 年重庆使用制造业产品作为直接中间消耗品最多的前 10 个产业部门分别为：制造业、建筑业、卫生和社会工作、住宿和餐饮、交通运输、仓储和邮政业、农林牧渔产品和服务、科学研究和技术服务、信息传输、软件和信息技术服务、居民服务、修理和其他服务、租赁和商务服务，其前向直接关联系数合计为 0.841，高于同期四川制造业的前 10 位前向直接关联系数，表明重庆制造业的直接前向关联度要高于四川。

具体来看，制造业、建筑业是消耗制造业中间消耗品最多的 2 个产业部门，且其前向直接关联系数之和为 0.764，远远大于其余 8 个产业部门，表明制造业有 76.4%的中间消耗品被供给给了制造业自身和建筑业生产使用，这 2 个产业部门对制造. 业发展的巨大拉动作用。其中，2017 年重庆市制造业各部门每生产 1 个单位产品，作为中间使用分配给本部门、建筑业的数量分别是 0.570 个单位、0.194 个单位。此外，卫生和社会工作、住宿和餐饮及交通运输、仓储和邮政业分别位列前向直接关联系数表的第 3、4、5 位，表明这 3 个产业部门对重庆制造业的生产发展也具有较大的拉动作用。

由表 5-14 可以进一步看到，制造业、建筑业、卫生和社会工作、交通运输、仓储和邮政业、住宿和餐饮的前向完全关联系数仍然居于前 5 位，反映出这些产业部门的运行状况对重庆制造业起着重要的制约作用。与前向直接关联系数相比，前向完全关联系数的前 10 大产业部门并未发生太大变化，只是排名次序有所变化，如农林牧渔产品和服务由第 5 位变为第 8 位，科学研究和技术服务由第 7 位变为第 6 位等。

表 5-14　2007—2017 年重庆制造业与相关产业密切前向完全关联系数

排名	产业部门	2007 年	产业部门	2012 年	产业部门	2017 年
1	制造业	1.473	制造业	1.267	制造业	1.451
2	建筑业	0.343	建筑业	0.425	建筑业	0.519
3	交通运输、仓储和邮政业	0.066	交通运输、仓储和邮政	0.044	卫生和社会工作	0.042
4	住宿和餐饮	0.042	农林牧渔产品和服务	0.027	交通运输、仓储和邮政业	0.041
5	农林牧渔产品和服务	0.041	金融业	0.022	住宿和餐饮	0.037
6	批发和零售	0.039	电力、热力的生产和供应	0.018	科学研究和技术服务	0.030
7	卫生和社会工作	0.028	住宿和餐饮	0.015	信息传输、软件和信息技术服务	0.028

（续表）

排名	产业部门	2007 年	产业部门	2012 年	产业部门	2017 年
8	公共管理和社会组织	0.026	卫生和社会工作	0.015	农林牧渔产品和服务	0.028
9	电力、热力的生产和供应业	0.026	科学研究和技术服务	0.014	租赁和商务服务	0.027
10	信息传输、计算机服务和软件业	0.025	信息传输、软件和信息技术服务	0.013	居民服务、修理和其他服务	0.017
总计		2.110		1.860		2.219

从前向关联效应的时序演化趋势来看，重庆市制造业与使用其中间消耗品最多的前 10 大产业部门的前向直接关联系数之和由 2007 年的 0.769 增加为 2017 年的 0.841，中间虽在 2012 年有所下降，但整体来看是增加的，反映出这些产业部门与重庆市制造业部门长期保持着较为密切的前向直接关联关系，并且这种关联关系整体得到了增强。

(3) 各制造业部门的感应度系数与影响力系数分析

根据式（5-9）、式（5-10）计算出成渝地区两省市制造业（整体）影响力系数与感应度系数，如图 5-3 所示。

图 5-3　2007—2017 年两省市制造业（整体）影响力系数与感应度系数

2007—2017 年，成渝地区两省市制造业整体的影响力系数和感应度系数均大于 1，制造业对其他产业部门的关联效应高于社会平均水平，在成渝地区两省市经济中具有重要地位和影响。

从整体演化趋势来看，四川制造业整体的影响力系数和感应度系数在此期间均有所提升，而重庆制造业整体的影响力系数和感应度系数则呈现明显的下降趋势，显示出成渝地区两省市制造业整体的影响力和感应度虽然高于社会平均水平，但四川与重庆呈现出不同的演化趋势。

四川制造业关联效应提高的部门分布在低、中、高端技术制造业，且高端技术制造业占比最大，而重庆市制造业关联效应提高的部门则主要集中在低端技术制造业与高端技术制造业。具体地，由表 5-15 及表 5-16 可以看出，17 个制造业部门中，四川有 14 个产业部门的影响力系数是上升的，占比 82.35%，有 10 个产业部门的感应度系数是上升的，占比 58.82%；重庆有 7 个产业部门的影响力系数是下降的，占比 41.18%，有 6 个产业部门的感应度系数是下降的，占比 35.29%。四川制造业影响力系数和感应度系数均上升的部门有 8 个，分别是纺织品（C02）、木材加工品和家具（C04）、化学产品（C08）、非金属矿物制品（C09）、通用、专用设备制造业（C12）、交通运输设备（C13）、电气机械和器材（C14）、通信设备、计算机和其他电子设备（C15）。重庆制造业影响力系数和感应度系数均上升的部门有 3 个，分别是食品和烟草（C01）、纺织品（C02）、通信设备、计算机和其他电子设备（C15）。

成渝地区两省市的高端技术制造业已初具规模，对其他产业部门的需求拉动作用较强。2007—2017 年，成渝地区两省市影响力系数均大于 1 的制造业部门有 15 个，分别是纺织品（C02）、纺织服装鞋帽皮革羽绒及其制品（C03）、木材加工和家具（C04）、造纸印刷和文教体育用品（C05）、石油炼焦产品和核燃料加工品（C07）、化学产品（C08）、非金属矿物制品（C09）、金属冶炼和压延加工品（C10）、金属制品（C11）、金属制品、机械和设备修理（C12）、通用、专用设备制造业（C13）、交通运输设备（C14）、电气机械和器材（C15）、通信设备、计算机和其他电子设备（C16）、仪器仪表（C17）。其中，2017 年四川通信设备、计算机和其他电子设备部门的影响力系数是社会平均水平的 1.310 倍；而 2017 年重庆通信设备、计算机和其他电子设备以及电气机械和器材部门的影响力系数则分别是社会平均水平的 1.642 倍、1.303 倍。

表 5-15　2007—2017 年四川制造业（各分部门）影响力系数与感应度系数

产业代码	影响力系数			感应度系数		
	2007	2012	2017	2007	2012	2017
C01	0.993	0.933	0.968	1.098	1.293	1.314
C02	1.098	1.109	1.151	0.887	0.909	1.026
C03	1.147	1.145	1.224	0.677	0.639	0.604
C04	1.080	1.157	1.170	0.690	0.742	0.692
C05	1.081	1.094	1.193	1.082	1.143	1.058
C06	0.921	0.762	0.622	0.555	0.564	0.642
C07	1.173	1.119	1.052	1.276	1.195	1.052
C08	1.125	1.109	1.171	2.369	3.234	3.142
C09	1.094	1.123	1.194	0.709	0.845	0.892
C10	1.196	1.206	1.202	2.488	2.910	2.202
C11	1.205	1.211	1.218	0.966	0.829	0.961
C12	—	1.277	1.346	—	0.544	0.383
C13	1.209	1.236	1.252	1.155	1.419	1.528
C14	1.266	1.255	1.267	0.941	0.988	1.002
C15	1.222	1.249	1.270	0.843	0.975	0.947
C16	1.142	1.267	1.310	1.025	1.580	1.625
C17	1.132	1.206	1.237	0.700	0.499	0.572

成渝地区两省市感应度系数最大的制造业部门集中在中端技术制造业，对其他产业部门的供给推动作用最强。2007—2017 年，成渝地区两省市感应度系数均大于 1 的制造业部门，共有 7 个，分别是食品和烟草（C01）、造纸印刷和文教体育用品（C05）、石油炼焦产品和核燃料加工品（C07）、化学产品（C08）、金属冶炼和压延加工品（C10）、通用、专用设备制造业（C13）、通信设备、计算机和其他电子设备（C16）；重庆市有 5 个，分别

是造纸印刷和文教体育用品（C05）、石油炼焦产品和核燃料加工品（C07）、化学产品（C08）、金属冶炼和压延加工品（C10）、通信设备、计算机和其他电子设备（C16）。其中，2017 年四川化学产品部门的感应度系数最大，是社会平均水平的 3.142 倍；重庆金属冶炼和压延加工品部门的感应度系数最大，为社会平均水平的 2.844 倍。

表 5-16 2007—2017 年重庆制造业（各分部门）影响力系数与感应度系数

产业代码	影响力系数			感应度系数		
	2007	2012	2017	2007	2012	2017
C01	0.944	0.952	0.999	0.844	0.851	0.914
C02	1.118	1.002	1.139	0.850	0.699	0.952
C03	1.299	1.052	1.116	0.903	0.669	0.609
C04	1.232	1.130	1.012	0.629	0.611	0.624
C05	1.278	1.126	1.144	1.316	1.232	1.095
C06	1.107	1.250	0.831	0.524	0.819	0.746
C07	1.113	1.112	1.106	1.344	1.224	1.232
C08	1.101	1.110	1.060	2.790	2.359	2.124
C09	1.092	1.108	1.069	0.892	0.789	0.899
C10	1.199	1.317	1.245	3.216	3.180	2.844
C11	1.221	1.278	1.183	0.707	0.880	0.804
C12	—	1.122	1.129	—	0.957	0.423
C13	1.241	1.237	1.176	1.296	1.362	0.827
C14	1.393	1.292	1.197	1.425	0.781	0.576
C15	1.282	1.394	1.303	0.884	0.693	0.715
C16	1.210	1.655	1.642	1.223	1.921	1.656
C17	1.194	1.166	1.225	0.757	0.653	0.561

二、成渝地区制造业分工布局

本节将基于价值链分工理论与竞争优势理论，选取产业结构相似系数与区位熵两项指标，从横向上测度成渝地区制造业各产业的分工情况。

1. 数据来源与测度方法

本章节研究数据源于成渝地区各市（州）统计局官方网站以及国家统计局官方网站。首先，制造业内部各产业部门数据、生产总值数据来源于各市（州）统计局发布的《统计年鉴》(2019) 以及国家统计局发布的《中国统计年鉴》(2019)。其次，由于攀枝花、眉山、资阳、达州等市制造业相关数据缺失，故本节选取重庆、成都、巴中、德阳、自贡、广安、广元、乐山、泸州、绵阳、南充、内江、遂宁、雅安、宜宾、甘孜 16 个市（州）作为研究对象。最后，为了兼顾研究的一致性与可靠性，本节界定的制造业产业部门与上一节界定的产业部门一致，制造业包含 17 个产业部门，通过对《统计年鉴》中的原始数据进行合并处理得到。

(1) 产业结构相似系数

产业结构相似系数是一个用于测量不同地区间产业价值链分工与布局相似程度的重要指标，同时它也是某地区对本地区产业结构进行合理调整布局的重要参考。该指标最早由联合国工业发展组织（UNIDO）于 1979 年正式提出，UNIDO 经过研究发现，对于那些工业化较高的的国家（或地区）而言，制造业的产出存在着多样性，工业结构的相似性较高；而对于那些工业化程度较低的国家（或地区）而言，由于产业结构处于不断变动当中，因此彼此之间的结构相似性往往较低。产业结构相似系数具体的测算公式如下：

$$S_{ij}=\frac{\sum_{k=1}^{n}x_{ik}x_{jk}}{\sqrt{\sum_{k=1}^{n}{x_{ik}}^{2}\sum_{k=1}^{n}{x_{jk}}^{2}}} \tag{5-11}$$

其中，S_{ij} 表示地区 i 和地区 j 之间的产业结构相似系数，x_{ik}、x_{jk} 分别为地区 i 和地区 j 产业 k 的经济活动水平（增加值、产值、资产等）在该地区产业结构中所占的比重。S_{ij} 的取值范围为 [0，1]，其值越趋于 0，说明两地区间的产业结构相似度越低；反之，其值越趋于 1，说明两地区间的产业结构相似度越高。根据国际经验，若两地区间的 S_{ij} 值在 0.9 以上，则可判定为两地区产业具有趋同性。

(2) 区位熵

产业结构相似系数指标虽然可以用来判断某特定区域内是否存在产业同构的现象，但是这种方法并不充分，而区位熵作为考察区域产业分工和产业是否具有比较优势的重要指标，可以在一定程度上弥补产业结构相似系数在评价制造业产业分工方面的不足。

区位熵（Location Quotient，LQ)，或称区位商，也被称为区域专业化指数，是一项用于解释某区域特定产业的专业化程度或比较优势的测度指标，它可以找出该区域内具有相对专业化水平或优势的产业部门。这一指标由美国经济学家哈盖特（P. Haggett）首先提出并逐渐被广泛应用于衡量区域分工深度以及产业的专业化程度，对于推动区域产业合理分工布局、发挥比较优势具有重要指导意义。区位熵具体测算公式如下：

$$LQ_{ij}=\frac{Q_{ij}/Q_j}{Q_i/Q} \tag{5-12}$$

其中，LQ_{ij} 表示 j 地区 i 产业的区位熵，Q_{ij} 为 j 地区 i 产业的产出值（包括增加值、总产值、总资产等)，Q_j 为 j 地区全部产业的总产出值（包括生产总值、增加值、总产值等)。Q_i 和 Q 则分别为高层次区域 i 产业的产出值与全部产业的总产出值。

区位熵值越大，产业 i 在 j 城市的集聚度越高，产业发展优势越大。若 $LQ_{ij}>1$，表明 j 地区 i 产业的集聚程度高于全区域或全国平均水平，属于专业化程度较高的产业，具备产业竞争优势；反之，若 $LQ_{ij}<1$，表明 j 地区 i 产业的集聚程度低于全区域或全国平均水平，专业化程度较低，在全国相同产业范围内处于劣势地位。若 $LQ_{ij}=1$，则表明 j 地区 i 产业的集聚程度与全区域或全国平均水平持平，产业比较优势一般。特别地，当某产业的区位熵高于 1.5 时，表明此产业在该区域具有显著比较优势，甚至在全国范围内都具有较强的竞争优势。

2. 制造业分工布局与比较优势分析

(1) 产业价值链分工布局分析

产业价值链分工分析采用的指标是产业结构相似系数。本节采用2018年成渝地区16个市（州）17个制造业部门的总资产数据，计算制造业各产业部门的产业结构相似系数如表5-17所示。

从整体来看，成渝地区各城市制造业的产业结构相似系数为0.4～0.6，处于中等水平，说明各城市制造业产业结构布局趋同性并不十分明显。其中，自贡是成渝地区各城市中最具特色的城市，平均产业结构相似系数仅为0.316。而产业趋同化的趋势在广元、南充、遂宁3市表现的最为突出，平均产业结构相似系数均在0.6以上，为各城市最高。

具体来看，成都—绵阳（0.964）、德阳—自贡（0.939）、乐山—雅安（0.925）、泸州—宜宾（0.983）、雅安—内江（0.906）等城市间的制造业产业结构相似系数均在0.9以上，反映出这些城市制造业中各产业的趋同性十分明显。其中泸州—宜宾以0.983的产业结构相似系数居于成渝地区各城市的首位，产业结构的趋同现象最为严重。

制造业各产业部门的总资产值占制造业总产值的比重高度相似，或者城市间发展进程相近是导致这些城市间产业结构相似系数较高的主要原因。例如，对于泸州—宜宾这两座城市，制造业中总资产占比排在前三的产业部门均是食品与烟草、化学产品和非金属矿物制品部门；而对于产业结构相似系数（0.964）排在第2位的成都—绵阳两座城市，制造业中总资产占比排在前三的产业部门同样是一致的，为通信设备、计算机和其他电子设备、交通运输设备以及化学产品三个部门。自贡—甘孜两城市制造业的产业结构相似系数最低，仅为0.137。造成自贡—甘孜两城市制造业产业结构相似系数较低的主要原因在于两座城市地理条件不同以及发展方向存在较大差异。自贡地处四川东南部，土地面积狭小，资源贫乏，以发展第二、三产业为主，2019年自贡第二产业、第三产业对经济增长的贡献率分别达到了41.7%和47.1%，其中制造业中通用、专用设备制造业以及化学产品

表 5-17 成渝地区 17 个制造业

	重庆	成都	巴中	德阳	自贡	广安	广元	乐山
重庆	—	0.884	0.218	0.463	0.324	0.823	0.532	0.482
成都	0.884	—	0.210	0.433	0.320	0.807	0.605	0.426
巴中	0.218	0.210	—	0.336	0.165	0.447	0.805	0.420
德阳	0.463	0.433	0.336	—	0.939	0.459	0.533	0.544
自贡	0.324	0.320	0.165	0.939	—	0.279	0.319	0.328
广安	0.823	0.807	0.447	0.459	0.279	—	0.821	0.750
广元	0.532	0.605	0.805	0.533	0.319	0.821	—	0.758
乐山	0.482	0.426	0.420	0.544	0.328	0.750	0.758	—
泸州	0.317	0.345	0.868	0.499	0.291	0.435	0.780	0.507
绵阳	0.773	0.964	0.225	0.334	0.226	0.746	0.603	0.377
南充	0.681	0.553	0.633	0.617	0.399	0.772	0.790	0.743
内江	0.427	0.316	0.395	0.393	0.241	0.521	0.573	0.742
遂宁	0.509	0.513	0.647	0.505	0.284	0.528	0.747	0.696
雅安	0.558	0.417	0.464	0.486	0.274	0.701	0.711	0.925
宜宾	0.279	0.322	0.841	0.404	0.208	0.364	0.716	0.418
甘孜	0.257	0.158	0.640	0.276	0.137	0.513	0.661	0.634
平均	0.502	0.485	0.488	0.481	0.316	0.598	0.664	0.583

部门的产业同构系数

泸州	绵阳	南充	内江	遂宁	雅安	宜宾	甘孜
0.317	0.773	0.681	0.427	0.509	0.558	0.279	0.257
0.345	0.964	0.553	0.316	0.513	0.417	0.322	0.158
0.868	0.225	0.633	0.395	0.647	0.464	0.841	0.640
0.499	0.334	0.617	0.393	0.505	0.486	0.404	0.276
0.291	0.226	0.399	0.241	0.284	0.274	0.208	0.137
0.435	0.746	0.772	0.521	0.528	0.701	0.364	0.513
0.780	0.603	0.790	0.573	0.747	0.711	0.716	0.661
0.507	0.377	0.743	0.742	0.696	0.925	0.418	0.634
—	0.307	0.747	0.299	0.791	0.479	0.983	0.362
0.307	—	0.425	0.347	0.509	0.383	0.291	0.225
0.747	0.425	—	0.443	0.724	0.710	0.701	0.404
0.299	0.347	0.443	—	0.716	0.906	0.231	0.875
0.791	0.509	0.724	0.716	—	0.786	0.782	0.556
0.479	0.383	0.710	0.906	0.786	—	0.410	0.775
0.983	0.291	0.701	0.231	0.782	0.410	—	0.283
0.362	0.225	0.404	0.875	0.556	0.775	0.283	—
0.534	0.449	0.623	0.495	0.620	0.599	0.482	0.450

部门的增速最快，与2018年相比平均增长率分别为24.2%、32.9%。而甘孜地处海拔较高的四川西南部，土地面积广阔，自然资源丰富，但人口较少，第二产业尤其是制造业占比较小，且种类较为单一，以发展食品和烟草、非金属矿物制品以及金属冶炼和压延加工品三类产业为主。除自贡—甘孜之外，重庆—巴中（0.218）、重庆—宜宾（0.279）、重庆—甘孜（0.257）、成都—巴中（0.210）、成都—甘孜（0.158）、巴中—自贡（0.165）、巴中—绵阳（0.225）、绵阳—甘孜（0.225）、内江—自贡（0.241）、宜宾—自贡（0.208）、德阳—甘孜（0.276）、遂宁—自贡（0.284）、雅安—自贡（0.274）、泸州—内江（0.299）、绵阳—宜宾（0.291）、绵阳—甘孜（0.225）、内江—宜宾（0.231）、宜宾—甘孜（0.283）等城市的制造业产业结构相似系数也较低，表明这些城市间的产业趋同性较弱，差异化较大，一体化程度较好。

（2）区域优势产业测度与选择

区域产业比较优势是一个国家或地区制定产业发展规划或纲要的重要依据，近几年，产业结构趋同、区域产业过度竞争、资源配置不科学等问题成为困扰我国制造产业发展的重要阻碍。造成地区间制造业产业同构的重要原因之一是一些地区在制定发展规划时没有从探索地区的比较优势出发，而是直接按照国家确定的重点产业或经济效益、技术附加值等指标确定主导产业，导致产业发展得不到地区禀赋的有力支撑，不仅给地区经济发展带来一定损失，还给国家、地区的经济协调发展带来障碍。

因此，在推动制造产业发展政策时，应从地区比较优势出发，探索地区的主导产业，以促进地区产业稳步、健康发展。为了解成渝地区制造产业的发展优势以及主导产业，采用区位熵分析方法对成渝地区各市（州）制造业整体进行比较优势分析，同时对各市（州）制造业分部门进行产业比较优势分析。本章节选取2018年成渝地区16个市（州）17个制造业部门的总资产以及地区生产总值数据作为基础数据，分别计算该地区制造业整体以及各制造业产业部门的区位熵。成渝地区16个市（州）制造业整体的区位熵计算结果如图 5-4 所示。

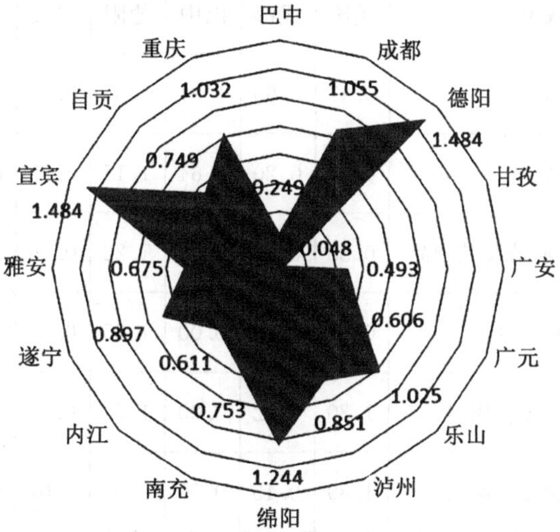

图 5-4　2018 年成渝地区各市（州）制造业整体的区位熵雷达图

从制造业整体来看，成渝地区 16 个市（州）中，制造业整体的区位熵大于 1 的城市有 6 个，分别为德阳（1.484）、宜宾（1.484）、绵阳（1.244）、成都（1.055）、重庆（1.032）、乐山（1.025），这些城市是成渝地区重要的制造业集聚地，集聚程度在成渝地区居于领先地位，产业的专业化程度高，具有明显的产业竞争优势。区位熵小于 1 的城市有 10 个，分别为遂宁（0.897）、泸州（0.851）、南充（0.753）、自贡（0.749）、雅安（0.675）、内江（0.611）、广元（0.606）、广安（0.493）、巴中（0.249）、甘孜（0.048）。其中，甘孜州制造业整体的区位熵最小，接近于 0，制造业并非其主导产业。

成渝地区各市（州）制造业分产业部门的区位熵如表 5-18 所示，为了进一步反映成渝地区具有比较优势的制造业产业部门分布情况，将区位熵大于 1 的制造业产业部门进行重新划分，其中，将 LQ_{ij} 在 1～1.5 之间的制造业部门称为“潜在比较优势制造产业”，将 LQ_{ij} 大于 1.5 的制造业部门称为“明显比较优势制造产业”，如表 5-19 所示。

表 5-18 成渝地区各市（州）

产业\城市	重庆	成都	巴中	德阳	自贡	广安	广元	乐山
食品和烟草	0.47	0.65	1.21	1.55	0.52	0.26	1.13	0.77
纺织品	0.42	0.20	0.64	1.15	0.35	0.58	0.84	2.68
纺织服装鞋帽皮革羽绒及其制品	0.88	0.69	0.00	1.22	0.76	2.56	0.49	3.32
木材加工和家具	0.64	1.56	0.00	1.35	0.24	0.73	2.88	0.51
造纸印刷和文教体育用品	1.30	0.72	0.00	1.70	0.08	0.27	0.30	2.36
其他制造产品和废品废料	1.39	0.15	0.00	0.38	0.07	0.05	0.43	0.00
石油炼焦产品和核燃料加工品	0.21	1.84	0.00	0.14	0.01	0.02	1.09	0.80
化学产品	0.91	1.00	0.00	1.60	0.71	0.76	0.70	2.33
非金属矿物制品	0.99	0.63	1.32	1.36	0.55	1.42	1.85	2.42
金属冶炼和压延加工品	0.74	0.30	0.00	1.13	0.33	0.15	0.34	2.41
金属制品	0.87	1.14	0.00	2.22	1.18	0.49	0.35	0.93
金属制品、机械和设备修理	0.10	3.81	0.00	0.00	0.00	0.07	0.00	0.00
通用、专用设备制造业	0.89	0.97	0.00	5.99	5.07	0.15	0.23	0.35
交通运输设备	1.79	1.10	0.00	0.30	0.07	0.44	0.05	0.10
电气机械和器材	1.16	0.93	0.00	3.91	0.70	0.35	0.54	0.76
通信设备、计算机和其他电子设备	1.03	1.88	0.00	0.10	0.04	0.48	0.43	0.12
仪器仪表	1.54	1.52	0.00	1.24	0.19	0.15	0.00	0.06

制造业分部门的区位熵

泸州	绵阳	南充	内江	遂宁	雅安	宜宾	甘孜
3.70	0.83	1.20	0.35	2.09	0.60	7.97	0.06
0.14	1.18	7.87	0.87	5.13	2.22	3.52	0.00
0.37	0.71	4.46	0.23	0.64	0.54	0.10	0.00
0.54	1.30	1.83	0.01	0.70	0.75	0.87	0.00
2.46	0.75	0.98	0.20	0.86	0.69	1.19	0.00
0.11	0.54	0.00	0.64	0.08	1.04	0.26	0.00
0.66	0.10	0.17	2.55	2.82	0.06	0.00	0.00
0.92	0.83	1.06	0.34	0.75	1.04	1.62	0.00
1.12	1.10	1.13	1.80	0.52	1.64	0.99	0.32
0.07	0.92	0.16	2.98	2.48	2.35	0.01	0.22
0.19	1.21	1.00	0.28	0.82	0.08	1.25	0.00
0.00	0.19	0.00	0.00	0.00	0.00	0.00	0.00
0.49	0.77	0.50	0.30	0.30	0.16	0.19	0.00
0.07	0.89	0.63	0.20	0.28	0.36	0.21	0.00
0.78	1.33	0.70	0.22	0.50	0.27	0.45	0.00
0.11	2.85	0.03	0.12	0.42	0.04	0.32	0.00
0.14	0.47	0.32	0.00	0.25	0.00	0.02	0.00

表 5-19　成渝地区具有比较优势的制造业产业分布

城市	潜在比较优势制造产业（$1 < LQ_{ij} < 1.5$）	显著比较优势制造产业（$LQ_{ij} > 1.5$）
重庆	其他制造业和废品废料；造纸印刷和文教体育用品；电气机械和器材；通信设备、计算机和其他电子设备	交通运输设备；仪器仪表
成都	金属制品；交通运输设备	金属制品、机械和设备修理；通信设备、计算机和其他电子设备；石油炼焦产品和核燃料加工品；木材加工和家具；仪器仪表
巴中	非金属矿物制品；食品和烟草	—
德阳	非金属矿物制品；木材加工和家具；仪器仪表；纺织服装鞋帽皮革羽绒及其制品；纺织品；金属冶炼和压延加工品	通用、专用设备制造业；电气机械和器材；金属制品；造纸印刷和文教体育用品；化学产品；食品和烟草
自贡	—	通用、专用设备制造业
广安	非金属矿物制品	纺织服装鞋帽皮革羽绒及其制品
广元	食品和烟草；石油炼焦产品和核燃料加工品	木材加工和家具；非金属矿物制品
乐山	—	纺织服装鞋帽皮革羽绒及其制品；纺织品；非金属矿物制品；金属冶炼和压延加工品；造纸印刷和文教体育用品；化学产品
泸州	非金属矿物制品	食品和烟草；造纸印刷和文教体育用品
绵阳	电气机械和器材；木材加工和家具；金属制品；纺织品；非金属矿物制品	通信设备、计算机和其他电子设备
南充	木材加工和家具；食品和烟草；非金属矿物制品；化学产品	纺织品；纺织服装鞋帽皮革羽绒及其制品
内江	非金属矿物制品	金属冶炼和压延加工品；石油炼焦产品和核燃料加工品
遂宁	—	纺织品；石油炼焦产品和核燃料加工品；金属冶炼和压延加工品；食品和烟草
雅安	非金属矿物制品；化学产品；其他制造产品和废品废料	金属冶炼和压延加工品；纺织品
宜宾	化学产品；金属制品；造纸印刷和文教体育用品	食品和烟草；纺织品
甘孜	—	—

① 显著比较优势制造产业

成渝地区具有显著比较优势的制造产业在各市（州）的分布差异较为明显。由表 5-18 及表 5-19 可以看出，成渝地区各市（州）具有显著比较优势的制造产业具有如下特点：重庆、成都、德阳、自贡、绵阳具有显著比较优势的制造产业主要为高端技术制造业以及部分中端技术制造业。比如，重庆制造业中区位熵值最大的为交通运输设备部门，德阳市、自贡市区位熵值最大的制造业部门为通用、专用设备制造业等；内江、雅安具有显著比较优势的制造产业部门主要为中端技术制造业。其中，内江和绵阳区位熵值最大的制造业部门均为金属冶炼和压延加工品部门；广安、广元、乐山、泸州、南充、遂宁、宜宾具有显著比较优势的产业部门主要为低端技术制造业以及部分中端技术制造业。比如，广安、乐山区位熵值最大的制造业部门为纺织服装鞋帽皮革羽绒及其制品部门；南充和遂宁区位熵值最大的制造业部门为纺织品部门；泸州、宜宾区位熵值最大的制造业部门为食品和烟草部门；而广元区位熵值最大的制造业部门则为木材加工和家具部门；甘孜、巴中两地制造产业较为薄弱，尚不具有显著比较优势的制造产业。

② 具有潜在比较优势的产业

近年，成都、重庆着眼于发展高端技术制造业，尤其在计算机、通信和其他电子设备制造业、汽车制造业等方面的投入较多，产业增长较快。数据显示，2020 年四川高端技术制造业中计算机、通信和其他电子设备制造业增加值比上年增长 17.9%，汽车制造业增长 3.5%；而重庆高端技术制造业中汽车产业增加值比上年增长 10.1%，电子产业增长 13.9%，装备产业增长 2.9%。

成渝地区各市（州）具有潜在比较优势的制造产业中，多为中端技术制造业以及低端技术制造业，较少含有高端技术制造业。从具体的制造产业分布来看，成渝地区各市（州）具有潜在比较优势的制造产业具有如下分布特点：巴中、德阳、广安、泸州、内江、雅安区位熵值最大的制造产业部门均为非金属矿物制品；重庆区位熵值最大的制造产业部门为其他制造业和废品废料部门；成都区位熵值最大的制造产业部门为金属制品部门；广元区位熵值最大的制造产业部门为食品和烟草部门；绵阳区位熵值最大的制造产业部门为电气机械和器材部门；南充区位熵值最大的制造产业部门为木材加工和家具部门；宜宾区位熵值最大的制造产业部门为化学产品部门；以上这些制造产业作为成渝地区各市（州）具有潜在比较优势的制造产业部门，其区位熵值均在1.0～1.5之间，这些产业部门已经具备一定的专业化水平，但是目前其比较优势还不是特别突出。对于成渝地区而言，这些具有潜在比较优势的制造产业既是机遇又是挑战，虽然已经具备一定的专业化优势，但是形成比较优势的基础尚不够牢固。

三、成渝地区制造业的困境

长期以来，成渝地区制造业通过一系列的建设取得了快速发展，综合竞争能力显著增强。但与此同时，成渝地区仍然面临着产业协同机制不健全、城市分工与产业分工不合理、区域间要素流动不畅通、资源环境约束日益加剧等一系列现实挑战与突出矛盾。

成渝地区制造业研发投入不足，自主创新能力较弱。图5-5展示了2015—2019年成渝地区R&D经费支出占GDP比重的情况。可以看出，2015年成渝地区R&D经费支出占GDP比重，四川1.67%，重庆1.53%。此后，两地R&D经费支出均有所增长，占GDP的比重也有所增加。至2017年，重庆R&D经费支出占GDP的比重开始超越四川，其中重庆1.88%，四川1.72%。2018年两地R&D经费支出占GDP的比重继续保持增长，尤其是重庆R&D经费支出占GDP的比重在2018年首次突破2%，为2.01%。2019年，四川这一比重为1.875，重庆为1.99%。数据源于历年全国科技经费投入统计公报。

国际经验数据表明，当一个经济体的R&D经费支出占GDP的比重超过3%，才能被界定为主要依靠科技创新驱动经济增长。而纵观2015—

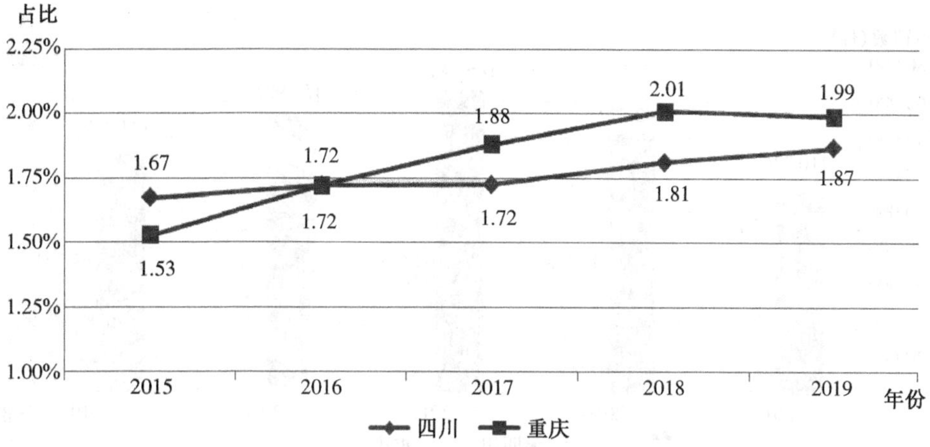

图 5-5　2015—2019 年成渝地区 R&D 经费支出占 GDP 比重

2019 年成渝地区两省市 R&D 经费支出占 GDP 比重的变化可以发现，R&D 经费支出占 GDP 的比重保持着缓慢增长态势，但至 2019 年仍未在完全意义上超越 2%，更远远没有达到 3%这一水平。同一时期，北京这一比重为 6.31%，天津为 3.28%，上海为 4.00%，浙江为 2.68%，江苏为 2.79%，广东为 2.88%。相比之下，成渝地区两省市在科研投入方面还存在较大的提升空间。

从科研产出情况来看（图 5-6），成渝地区两省市中，2015 年四川专利申请数为 110 746 件，2016 年专利申请数有所增加，2017 年达到最大值 167 484 件，然而此后几年专利申请数呈现逐年下降趋势，2019 年相较丁 2017 年下降了 21.47%；重庆 2015 年专利申请数为 82 791 件，2016—2019 年专利申请数呈现先降后升再降的态势，2019 年这一数值变为 67 271 件，甚至低于 2015 年的 82 791 件。从 2015—2019 年自身专利申请数的演变与比较来看，成渝地区的自主创新能力仍较弱，尚未完全形成高附加值产业环节。相关的研究也显示，成渝地区大多数企业缺乏关键核心技术，产品科技含量不高，规模以上高端技术制造企业数量较少。

成渝地区制造业多数处于价值链中低端环节。成渝地区在产业发展初期主要依靠丰富的劳动力和自然资源，相较之下资本和技术相对缺乏，而

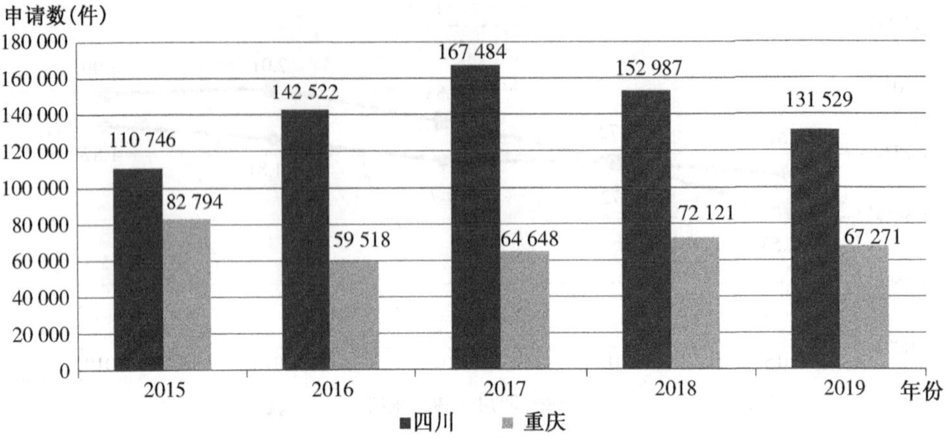

图 5-6　2015—2019 年成渝地区专利申请情况

资本和技术所产生的附加价值远远高于劳动力和自然资源，这也造成了主要依靠劳动力发展起来的成渝地区制造产业产生的附加价值并不高，且多数产业长期处于价值链的中低端环节，这直接导致了产业整体的竞争能力较低，难以向价值链高端环节攀升，一定程度上加大了成渝地区制造业转型升级的难度。如：四川的航空航天装备、轨道交通装备、电子信息产业等制造类企业多数以参与产品组装、零部件生产等环节为主；重庆的汽车产业生产的车型也主要以中低端车型为主，高端车型相对较少，在价值创造环节则主要以加工制造为主，而一些关键、核心装备则基本处于缺失状态，导致制造产业整体竞争能力并不强，创造的附加价值也不高。

城市间发展不平衡，产业层级差异明显。成渝地区中成都和重庆作为两大中心城市与周边各城市产业发展差距较大，在产业层级上存在明显的差异。具体来看，成渝地区高端技术制造产业主要分布在成都与重庆，而成都与重庆周边城市的高端技术制造产业则相对匮乏及落后，呈现出“两头强，中间弱”的产业分布特点。另外，成都与重庆作为中心城市，具有科技、人才、政策等多重资源，但这些优势尚未在区域产业链协作上发挥充分的协同作用，未能有效带动其他城市的中小企业发展。

成渝地区除成都、重庆外的其他多数城市主导产业较为缺乏，产业冗杂、松散，不成体系，因而造成这些产业对成渝地区高端技术制造产业发展的整体推动力不足。与此同时，由于产业之间的关联作用较弱且产业重合度较高，同质化竞争较为严重，以及区域内高端技术市场化、专业化协作机制不够成熟，导致区域内产业与产业之间的良性互动与高效合作尚未形成，这在一定程度上阻碍了成渝地区产业集群与配套产业链的发展与完善。

第三节 成渝地区制造业发展的对策建议

成渝地区双城经济圈发展战略的实施，将有效促进国内两大制造业基地生产要素资源合理流动、高效聚集、优化配置，实现两地产业链协同、产业政策协同、公共平台协同，增强区域制造业整体竞争力和影响力，达到“1＋1＞2”的效果。

1. 明确区域定位，确定区域优势产业

成渝地区各城市在经济发展水平、产业发展阶段、资源禀赋等方面具有较大差异，因此在制定产业发展政策时不能一概而论，应立足区域资源禀赋，因地制宜地制定不同城市的产业发展政策，充分发挥各城市的比较优势。

发挥成都市、重庆市两大中心城市的双核带动功能，重点建设成渝地区发展主轴、沿长江城市带和成-德-绵-乐城市带，促进区域制造业集聚区加快发展。成渝地区内部各城市之间经济发展水平、资源要素配置状况、产业发展阶段存在较大差异，因此应根据各城市自身特点，充分发挥各城市比较优势，因地制宜布局区域内各城市主导产业，建立起优势产业的集群分工，以最大化产业经济效益。具有核心竞争力的企业通过积累、保持和运用好自己的竞争优势或比较优势，使之发展为更高的市场竞争力，并转化为可观的企业利润。对于成渝地区制造业而言，更需要明确比较优势，培育核心竞争力。

整体来讲，成渝地区已经形成了以电子信息、装备制造等为主导的制造业产业体系，并且产业之间关联程度较高，互补性较强，具备了实现高质量发展与一体化发展的初步条件。以装备制造产业举例，截至2018年，成都、重庆两个城市装备制造业的产业规模为1.4万亿元，两城市的装备制造产业又各有各的特点与优势。成都在重型装备与航空航天能源设备等领域具有比较优势，而重庆则在汽车和摩托车制造领域具有比较优势。以成-德-绵为核心的装备制造业和以重庆为核心的交通运输设备制造业、及航空航天部分产业，应把握有利时机和先天优势，加强在该领域的自主创新能力，集中优势培育核心竞争力，推动形成优势产业集群。

2. 依托优势产业集群，提升价值链地位

成渝地区制造业需要逐步提升成渝地区制造业的资源配置能力，发挥产业比较优势，促进产业转型升级。有阶段、有重点地参与国内价值链分工，充分挖掘国内价值链的内需潜力，帮助成渝地区制造业实现国内价值链攀升与区域协调发展的双重目标。

成渝地区具有制造业显著发展优势的城市主要集中在德阳（通用、专用设备制造业）、宜宾（食品和烟草制造业）、绵阳（通信设备、计算机和其他电子设备制造业）、成都（通信设备、计算机和其他电子设备制造业）、重庆（交通运输设备制造业）、乐山（纺织服装鞋帽皮革羽绒及其制品制造业）等市。这些城市是成渝地区重要的制造业集聚地，集聚程度在成渝地区居于领先地位，产业的专业化程度高，具有明显的产业竞争优势。除了显著发展优势，还有部分城市存在大量的潜在比较优势产业，主要集中在成都的金属制品制造业、内江的非金属矿物制品制造业、南充的木材加工和家具制造业等。这些产业有些需要通过转型，有些需要通过升级实现向显著比较优势的转变。

可以立足于区域资源禀赋差异，重点加大对支柱产业发展的支持力度，同时，通过逐步深化产业和产品结构，提高技术含量，提升产品附加值；

不断完善产业的相关配套设施，延长产业链，发挥不同制造产业部门在各地区的比较优势，进而提升产业整体的竞争力，实现价值链地位的提升。

还可以立足于本地区产业发展优势。一方面充分发挥西部地区在劳动力、自然资源、政策等方面的优势，以接收东部地区产品组装和加工等环节的产业转移为先导，逐步向研发、设计、品牌等高附加值的生产环节攀升。另一方面，着力依托成都市、重庆市两大中心城市的科研资源优势和高新技术产业基础，打造一批创新型园区和战略性新兴产业基地，以此壮大成渝地区现代制造业产业体系，夯实地区内产业发展的基础。

最后，要注重整合制造产业优势资源，推进地区联合研发和协作创新，提高价值链上设计、研发和品牌等环节的集成能力；通过建立关键核心技术创新与合作平台，促进区域内各制造企业之间的合作与创新，共同推进技术改造与技术升级，从而形成区域产业集群“专有能力”；共同建设具有世界影响力和体现国家水平的制造业优势产业集群。

3. 合理分工布局，提升区域整体竞争力

产业分工协作，需要立足于区域内各城市产业特点，重点布局具有竞争力的优势产业，然后以大产业带动周边小产业，以大城市带动周边中小城市。最终，形成“产业关联有序，产业布局有度”的协作发展局面，提升区域整体竞争能力。

产业关联有序，产业链上各环节能够前后衔接、优势互补，协同发展。要在区域内形成若干产业集群中心，明确并清楚定位链上各环节重点功能。需要逐步优化产业间的关联，尤其重点考虑那些与制造产业关联度增大的产业部门，通过实施更加积极的产业关联战略，不断优化制造产业价值链，构建该产业与各主要关联部门的联合发展机制，才能更大程度地发挥制造业对国民经济其他各产业部门的关联、辐射和带动作用，增强产业影响力，进而提升制造产业在整个国民经济中的影响力与地位。

产业布局有度，构建合理、有效的区域产业分工格局，要充分发挥成都市、重庆市两个中心城市的辐射与带动作用，首先重点强化两大中心城市的分工协作能力，探索打造区域分工协作示范区，以示范区为样本，充分调动制造业价值链上各环节实现有机联动。此后，再重点推动小城市和小城镇的发展，实现城市与城市、城市与乡镇的一体化发展。

具体来讲，首先重点推进成渝地区中心地区的发展，成都城市圈以成都为中心形成了成-德-绵-乐城市带，重庆城市圈以重庆为中心形成了沿江城市带。未来可逐步将城市带服务化功能向外延展，承担一部分中心城市的功能，进一步增强中心城市的辐射作用。例如可将万州、南充发展成为成渝地区东北部中心城市，将绵阳、德阳发展成为成渝地区西北部中心城市，将乐山发展成为成渝地区西南部中心城市，将宜宾、泸州发展成为成渝地区东南部中心城市。其次，要明确各个节点中心城市功能定位，避免产业盲目竞争，重复布局。最后，要培育和发展一批具有产业发展潜力的中小城市和城镇，一方面，要推动中心城市带动小城市和城镇的发展；另一方面，要完善中小城市和城镇内部基础设施，提高其服务化水平，再辅以相应的优惠政策，支持其制造业实现转型升级与创新，进而推动整个区域内部经济一体化的发展。

第六章

总结与展望

基于前述章节的研究，坚持以习近平新时代中国特色社会主义思想为指导，全面贯彻党的十九大和十九届二中、三中、四中、五中全会精神，立足新发展阶段，贯彻新发展理念，提出针对京津冀、长三角、泛珠三角、成渝地区双城经济圈制造业协调发展、转型升级的对策建议。

（1）京津冀协同发展以“一核、双城、三轴、四区、多节点”为重点：疏解北京非首都功能；京、津协同发展，带动河北地区产业转型；发挥京津、京保石、京唐秦“三轴”的支撑作用；发挥“四区”地理位置优势、资源优势和功能定位；通过“多节点”共同发展，实现“1+1>2”的有序发展。具体建议如下：①以创新驱动发展。加强技术创新投入，适度均衡京津冀地区的科技创新资源；营造开放、公平的创新创业环境。②促进产业协调发展。聚焦新一代信息技术、生物医药、高端装备、汽车等优势产业，打造世界级制造业集群；加快形成京津冀城市群的核心区域，加快制造业数字化转型，进一步加快京津冀区域工业互联网的协同创新；提升要素配置能力和效率，打造“优势互补、互利共赢”的产业协同发展格局。③实现绿色转型发展。重视市场调节作用，形成绿色发展的长效机制，探索京津冀绿色发展新模式。④促进资源合作共享。降低要素流动成本，促进各类要素合理流动和高效集聚；促进高层次人才在三地的合理流动；创新京津冀利益共享机制，探索适应京、津、冀三地产业园区不同需求的利益共享机制、长效合作机制。

(2) 长三角区域一体化需要发挥区域整体优势，构建优势互补、分工合理的发展格局，践行绿色发展理念，实现高质量生态绿色发目标，可以通过优化区域产业规划、完善跨区域协同机制、整合创新资源优势等方式，促进长三角区域一体化发展。具体建议如下：①从服务国家发展战略、立足全局全域的角度，发统筹考虑区域内各地的资源禀赋、发展基础、区位特征、环境容量、带动效应等因素，优化产业发展规划。②加快跨区域的合作与协同，实现产业跨区域的优化布局和融合发展；打造先进高端产业集群；鼓励跨区域合作，促进区域制造业协同发展；发挥上海的龙头作用，合力打造长三角全球资源配置中心。③加快改革创新步伐。推动绿色制造体系变革，激发绿色发展新动能；支持长三角对标高标准的国际经贸规则；聚焦国家重大科技战略需求，着力突破“卡脖子”的关键核心技术；加强创新资源的共享程度；建设长三角科技创新共同体，实现创新资源开放共享。④加快长三角生态绿色一体化进程，促进长三角产业链低碳协同发展，形成空间布局合理、区域分工协作、优势互补的产业绿色低碳发展新格局，发展创新型绿色产业集群。

(3) 以珠江水系为纽带的泛珠三角区域，根据《国务院关于深化泛珠三角区域合作的指导意见》，需要坚持合作发展、互利共赢，深化改革、扩大开放，完善合作发展机制，构建经济繁荣、社会和谐、生态良好的泛珠三角区域。具体建议如下：①差异化的政策导向，促进城市群之间和城市群内部分工协作。构建以粤港澳大湾区为龙头，以珠江—西江经济带为腹地，带动中南、西南地区发展，辐射东南亚、南亚的重要经济支撑带。江西、福建、四川、湖南等省份，作为中国东部发达城市的产业转移主要承接地，根据区位特点，制定相应的发展规划，寻求合适的制造业集聚状态。②强化创新驱动力，完善区域制造业创新体系和产业协作体系；引导制造业企业成为技术创新的主体。③加强绿色发展意识，加强技术进步和提升技术效率来促进工业绿色发展效率的持续增长；制定适度的环境规制。④加强产业协作，培育形成优势互补、分工合理、布局优化的先进产业集群，引导产业有序转移承接。

（4）成渝地区双城经济圈建设，根据《成渝地区双城经济圈建设规划纲要》，需要围绕推动形成优势互补、高质量发展的区域经济布局，强化重庆和成都中心城市带动作用，推动成渝地区形成有实力、有特色的双城经济圈，打造带动全国高质量发展的重要增长极和新的动力源。具体建议如下：①立足区域资源禀赋，因地制宜地制定不同城市的产业发展政策，充分发挥各城市的比较优势；发挥成都市、重庆市两大中心城市的双核带动功能，重点建设成渝地区发展主轴、沿长江城市带和成德绵乐城市带，促进区域制造业集聚区加快发展。②逐步提升成渝地区制造业的资源配置能力，发挥产业比较优势，促进产业转型升级；有阶段、有重点的参与国内价值链分工，充分挖掘国内价值链的内需潜力，实现国内价值链攀升与区域协调发展的双重目标。③立足区域内各城市产业特点，形成“产业关联有序，产业布局有度”的协作发展局面，提升区域整体竞争能力；产业关联有序，产业链上各环节能够前后衔接、优势互补，协同发展；产业布局有度，构建合理、有效的区域产业分工格局。

区域经济是国民经济的基础，区域发展战略是中国区域经济发展政策和产业布局的依据。国家区域协调发展战略的实施，为制造业产业链集聚带来新机遇。近年来，京津冀协同发展、长三角一体化等国家区域发展战略向纵深推进，制造业集聚效应提升；中西部区域中心城市制造业快速发展，形成具有较强辐射带动作用的区域增长极。“十四五”时期，我国将进入新发展阶段，深入实施区域协调发展战略、健全区域协调发展新机制，将推动制造业更协调、更有效、更高质量的发展。

参考文献

[1] 杨红磊，徐鸥洋，王金丽，等. 基于投入产出法的电力产业前后向关联效应分析 [J]. 电力科学与技术学报，2015，30 (4)：113-118.
[2] 郭燕珍. 基于投入产出模型的展览业产业关联效应研究 [D]. 天津：天津商业大学，2020.
[3] 樊福卓. 一种改进的产业结构相似度测度方法 [J]. 数量经济技术经济研究，2013，30 (7)：98-115.
[4] 胡响云. 基于灰色关联度分析法的河北省产业结构优化与经济增长关系研究 [D]. 辽宁：辽宁大学，2017.
[5] 薛蕾，徐承红，申云. 农业产业集聚与农业绿色发展：耦合度及协同效应 [J]. 统计与决策，2019，35 (17)：125-129.
[6] 赵云峰. 京津冀服务业区域差异影响因素与协同发展分析 [J]. 环渤海经济瞭望，2020 (9)：4-6.
[7] 宋文娜. 长江经济带高新技术产业集聚对经济增长影响分析 [D]. 辽宁：辽宁大学，2019.
[8] 李天琦. 吉林省工业绿色发展水平测度与推进机制研究 [D]. 吉林：长春理工大学，2020.
[9] 滕堂伟，瞿丛艺，胡森林，等. 长三角城市群绿色创新效率格局分异及空间关联特征 [J]. 华东师范大学学报（哲学社会科学版），2019，51 (5)：107-117+239-240.
[10] 张敏. 长三角工业生态效率测度及其提升路径研究 [D]. 安徽理工大学，2019.
[11] 吴传清，黄磊. 长江经济带工业绿色发展效率及其影响因素研究 [J]. 江西师范大学学报（哲学社会科学版），2018，51 (3)：91-99.
[12] 王建民，仇定三，蒋倩颖，等. 长江经济带工业绿色发展效率测量与提升路径研究 [J]. 科技管理研究，2019，39 (12)：46-52.
[13] 张荣天，焦华富. 泛长江三角洲地区经济发展与生态环境耦合协调关系分析 [J]. 长江流域资源与环境，2015，24 (5)：719-727.

[14] 李虹，张希源. 区域生态创新协同度及其影响因素研究 [J]. 中国人口·资源与环境，2016，26 (6)：43-51.

[15] 孙丹. 淮河生态经济带协同发展水平、效率与机制研究 [D]. 江苏：江苏师范大学，2018.

[16] 曾刚，曹贤忠，王丰龙. 长江经济带城市协同发展格局及其优化策略初探 [J]. 中国科学院院刊，2020，35 (08)：951-959.

[17] 李巍，郗永勤. 战略性新兴产业创新系统协同度的测度 [J]. 统计与决策，2017 (2)：60-63.

[18] 李良成，陈欣，郑石明. 科技人才与科技创新协同度测度模型及应用 [J]. 科技进步与对策，2019，36 (10)：130-137.

[19] 尹向来. 城市群内部协同发展比较研究 [D]. 山东：山东师范大学，2019.

[20] 张羽. 粤港澳大湾区产业协同发展研究 [D]. 辽宁：大连海事大学，2020.

[21] 鲁继通. 京津冀区域协同创新能力测度与评价——基于复合系统协同度模型 [J]. 科技管理研究，2015，35 (24)：165-170.

[22] 冯锋，汪良兵. 技术创新链视角下我国区域科技创新系统协调发展度研究 [J]. 中国科技论坛，2012 (3)：36-42.

[23] 杨洪焦，孙林岩，吴安波. 中国制造业聚集度的变动趋势及其影响因素研究 [J]. 中国工业经济，2008 (4)：64-72.

[24] Kaoru Tone. A slacks-based measure of efficiency in data envelopment analysis [J]. European Journal of Operational Research，2001，130 (3)：498-509.

[25] Kaoru Tone. A slacks-based measure of super-efficiency in data envelopment analysis [J]. European Journal of Operational Research，2002，143 (1)：32-41.

[26] 李贤珠. 中韩产业结构高度化的比较分析——以两国制造业为例 [J]. 世界经济研究，2010，200 (10)：81-86.

[27] 张媛媛. 我国科技服务业与制造业的产业关联分析 [J]. 统计与决策，2018，497 (5)：135-138.

[28] 关爱萍. 产业同构测度的方法 [J]. 统计与决策，2007，247 (19)：32-34.

[29] Gould P. Locational Analysis in Human Geography by Peter Haggett [J]. Economic Geography，1966，3 (2)：276-277.

[30] 付帅，李龙. 基于区位商的旅游产业区域比较优势研究——以辽宁省为例 [J]. 资源

开发与市场，2013，29（04）：433-435+425.

[31] 李廉水，杜占元."新型制造业"的概念、内涵和意义［J］. 科学学研究，2005（2）：184-187.

[32] 侯永志，刘培林. 区域一体化：高质量发展有效路径［M］. 北京：中国发展出版社，2020.

[33] 余东华. 制造业高质量发展的内涵、路径与动力机制［J］. 产业经济评论，2020（1）：13-32.

[34] 赵昌文. 迈向制造业高质量发展之路［M］. 北京：中国发展出版社，2020.

[35] 王今. 产业集聚的识别理论与方法研究［J］. 经济地理，2005（1）：9-11.

[36] 黎峰. 中国国内价值链是怎样形成的？［J］. 数量经济技术经济研究，2016，33（9）：76-94.

[37] 张华，梁进社. 产业空间集聚及其效应的研究进展［J］. 地理科学进展，2007（2）：14-24.